ANÁLISIS FINANCIEROS PARA LOS NO FINANCIEROS

David Herrero Conesa

© 2013 Autor Lulu. Todos los derechos reservados.
ISBN 978-1-291-32890-5

El mejor legado de un padre a sus hijos es
un poco de su tiempo cada día.

Gracias por ser mi Padre

ÍNDICE

Prólogo (D. Jose Jaime Herrero Capafons) — 15

CAPÍTULO 1. El Fundamento Básico — 17

CAPÍTULO 2. El Balance o Estado Contable — 21

CAPÍTULO 3. Terminología en el Balance — 25

CAPÍTULO 4. Terminología en la Cuenta de Pérdidas y Ganancias — 29

CAPÍTULO 5. Balance y PyG no son suficientes — 33

CAPÍTULO 6. Entendiendo los Ratios y Porcentajes — 35

    a) ¿Por qué usar los Ratios y Porcentajes? — 35
    b) ¿Cómo se desarrollan los Ratios e Índices? — 37
    c) ¿Qué miden los Ratios? — 38
    d) Usando sin temor los Índices o Ratios — 39
    e) Consejos — 40

CAPÍTULO 7. Introducción a los Ratios — 43

CAPÍTULO 8. Ratios de Liquidez — 45

a) Ratio del Circulante	46
b) Prueba del Ácido o Prueba Ácida	48

CAPÍTULO 9. Ratios de Actividad — 51

a) Rotación de Cuentas por Cobrar	52
b) Plazo Promedio de Cobro	54
c) Rotación de Cuentas por Pagar	56
d) Plazo Promedio de Pago	58
e) Rotación de Existencias	60
f) Plazo Promedio de Existencias	62
g) Rotación de Activo Fijo	64
h) Rotación de Activos Totales	66

CAPÍTULO 10. Ratios de Endeudamiento — 69

a) Razón de Endeudamiento	70
b) Razón de Autonomía	72
c) Calidad de la Deuda	74

CAPÍTULO 11. Ratios de Rentabilidad — 77

a) Margen de Beneficio Neto	78
b) ROE	81
c) ROI	83

CAPÍTULO 12. Ratios, cosas a tener en cuenta — 85

CAPÍTULO 13. Análisis de Gastos — 87

CAPÍTULO 14. Minimizar los Gastos — 93

CAPITULO 15. Análisis Vertical y Horizontal   101

    a) Análisis Vertical   102
    b) Análisis Horizontal   108

CAPÍTULO 16. Flujos de Efectivo   113

CAPÍTULO 17. Clasificación de las cuentas por Cobrar   119

    a) Clasificación por Vencimiento   121
    b) Clasificación de Clientes   123
    c) Clasificación de Impagos   126

CAPÍTULO 18. Proyecciones   129

CAPÍTULO 19. Resumen   133

Bibliografía   135

PRÓLOGO

Lo importante, no es exclusivamente saber, tener el conocimiento, ser extraordinario en su campo, sino además, tener la capacidad de transmitirlo, de facilitar y de hacer comprensibles ideas y conceptos en resumen de actuar como un formador-divulgador.

La transmisión de la información y en este caso del conocimiento, facilita el conocimiento al que no lo tiene, al que lo tiene pero no lo percibe, al que lo tiene, pero desea estar actualizado.

Se da además la circunstancia en que más que formar (en el sentido más amplio de la expresión), lo que se desea con este libro, es que el profano, el ajeno a tipos de conocimientos contables y/o financieros especializados, tengan la posibilidad mediante la divulgación de libros simples, claros y sencillos como el actual, a adquirir una base clara, sencilla, nítida sobre La Operatividad Financiera Para NO Expertos.

En muchos casos, el pequeño empresario, el emprendedor a cualquier nivel, que se atreve por deseo propio o por necesidad lanzarse al mercado, se encuentra que un Gestor, en función de la información o documentación por el entregada a dicho gestor, reciba un Balance de Situación, una Cuenta de Pérdidas y Ganancias, que realmente a este pequeño empresario o emprendedor, le parecen un galimatías que no entiende.

El autor de este libro, pretende (y a mi juicio personal, consigue), que simplemente siguiendo sus indicaciones (claramente sencillas y comprensibles), este empresario-emprendedor adquiera la capacitación necesaria para con unos simples cálculos (incluso solo con una calculadora), sea capaz de ver la trayectoria de su empresa hasta el momento actual, y sea capaz de tomar decisiones acertadas para prever y poner en marcha acciones (decisiones en muchos casos sencillas), capaces de prever y cambiar la evolución de la empresa a posiciones menos arriesgadas y más rentables.

El empresario-emprendedor, que ponga en marcha los conocimientos adquiridos mediante este libro, tendrá la oportunidad así mismo de transmitir la formación a las personas que le rodean, podrá argumentar sus propuestas a las entidades financieras con las que trabaja, podrá argumentar a sus socios, el estado de la empresa, el futuro de ella en función de las distintas decisiones que se puedan y deban tomar.

En relación al autor, soy conocedor y consciente del enorme esfuerzo realizado no ya en este libro, sino en todo su proceso formativo y profesional. Ha sido consciente de que la grandeza de un profesional consiste en un bypass entre los conocimientos que transmites a tus colaboradores, y los que ellos te transmiten a ti. Esta doble acción, es la única que permite crear equipos expertos, coordinados y fidelizados. La valoración del líder, es en realidad la valoración del equipo, a la inversa, la valoración del equipo es la valoración del líder.

En mi caso particular, como Consultor de empresas, empresario y formador, me honro y me enorgullezco en realizar el Prólogo de este libro, no solo como profesional, sino también como padre.

D. Jose Jaime Herrero Capafons

CAPÍTULO 1
EL FUNDAMENTO BÁSICO

A veces no es fácil comprender que tanto el estancamiento como el fracaso de un negocio es con frecuencia una mala gestión del flujo del dinero, siendo comprar, comerciar, ampliar mercado, costes y la negociación, factores clave.

¿Cómo es posible que una empresa que cada día aumenta sus ventas, quiebre?

Muchas pueden ser las explicaciones, pero todas ellas acabaran dando al final la mala ejecución, planteamiento o estrategia financiera, que no pudo prever los flujos de efectivos como la causa del desastre.

Pongamos tres ejemplos de este suceso:

Una empresa, compra materias primas que sufren un proceso de trasformación obteniendo como resultado un producto final que luego se venderá a otras empresas para otro proceso de trasformación o directamente para su comercialización.

Cada mes ha aumentado sus ventas hasta alcanzar un 10% en el último año. Un proveedor le ha hecho una oferta que no ha podido resistir el empresario motivado por el gran descuento ofrecido. Al cabo de poco tiempo la empresa quiebra. ¿Por qué? El empresario, a pesar de comprar material a un precio menor del habitual, estuvo obligado a comprar grandes cantidades, las cuales, a pesar del progresivo crecimiento de las ventas no fueron estas suficientes para consumir el pedido y realizar sus respectivas ventas, de tal manera que el pago efectuado por la empresa produjo un pico negativo en tesorería haciendo que la empresa no tuviera capacidad económica de pagar los costes fijos mensuales (salarios, prestamos, alquileres, renting de la maquinaria, etc.)

Otro ejemplo es la mala negociación en referente a las fuentes de financiación. La empresa en un estado financiero positivo, decidió mantener varias líneas de crédito abiertas para algún caso de necesidad y además obtenían financiación corriente a través de préstamos bancarios. En ese momento al mantenerse una estabilidad en las ventas y en los resultados, la empresa no reparó en los gastos financieros que se iban produciendo. En un momento dado, se produjo un descenso en las ventas (pequeño) y una serie de impagos de clientes, produciéndose como resultado una incapacidad de pago, ya que los costes financieros absorbían la generación de beneficios, debido a la mala planificación. Esta situación podía a verse superado con un control y minimización de los costes, en este caso los financieros.

Como último ejemplo en este capítulo, mencionaré el error del crecimiento mal planificado. Un emprendedor inventa un producto que ha generado grandes expectativas. Como estrategia, distribuye el producto mediante comercio electrónico y realiza la producción en el momento de la venta. Debido a una campaña muy agresiva por los medios más económicos (radio e Internet), los pedidos se disparan dejando a la empresa sin capacidad de producción suficiente. Sin planificarlo el empresario solicita un préstamo para poder aumentar la capacidad de producción, que será efectiva un par de meses más tarde. Al cabo de dos meses la "moda" del producto ha disminuido y con ello la demanda. El emprendedor se da cuenta que la capacidad de producción anterior era la suficiente para poder atender la demanda actual y el préstamo solicitado para la ampliación de la fábrica innecesario. Como resultado se produce falta de ventas y de flujo de efectivo para poder hacerse cargo de las deudas con el banco.

"La diferencia entre el éxito y el fracaso es el conocimiento"

Muchas empresas y autónomos, tiene problemas principalmente por no entender la situación financiera, dejando estas tareas para algún familiar, asesor, el mismo dueño o gerente, que con frecuencia no saben las implicaciones financieras que puede tener alguna que otra decisión.

Mediante esta guía usted va aprender y comprender lo esencial para poder entender totalmente los estados contables y la cuenta de resultados, con ejemplos fáciles y prácticos.

CAPÍTULO 2
EL BALANCE O ESTADO CONTABLE

Se denomina Balance al documento contable que expresa la situación del Patrimonio de la empresa "en un momento dado" recogiendo los diferentes elementos patrimoniales que lo conforman en unidades monetarias, en nuestro caso euros.

El balance típico se muestra de la siguiente forma:

BALANCE DE SITUACIÓN	
Activo	Patrimonio Neto + Pasivo

En el lado izquierdo se sitúan los activos de la empresa y en el lado derecho el Patrimonio o Capital Fijo y los Pasivos u obligaciones.

El Activo se divide en dos categorías:

- El Activo No Corriente
- El Activo Corriente

La diferencia entre ellos es la Permanencia, es decir, el tiempo en que tarda un activo en hacerse efectivo. Los Activos No Corrientes, son bienes o inversiones permanentes (no se tiene intención de vender a corto plazo), tales como maquinarias, patentes, terrenos, mobiliario, etc. En cambio los Activos Corrientes, son todos aquellos que se puedan convertir en efectivo a corto plazo como mercaderías, materias primas, tesorería, deuda de clientes, etc.

El Pasivo también se divide en dos categorías:

- Pasivo No Corriente
- Pasivo Corriente

La diferencia entre ellos es el tiempo en hacerse efectivo la deuda. Toda deuda superior a 1 año será Pasivo No Corriente, como las hipotecas, prestamos superiores a 1 año, etc. Y las deudas con vencimiento inferior a 1 año serán Pasivos Corrientes, como proveedores, acreedores, préstamos a corto plazo, etc.

Es importante indicar que los Pasivos No Corrientes a medida que se acerca el vencimiento y este sea inferior a 1 año se convertirán en Pasivo Corriente.

Pongamos un ejemplo:

Una empresa compra una maquinaria por valor de 1.000.000,00€. Para ello pide un préstamo a una entidad bancaria a 7 años. 84 mensualidades. (Sin IVA y sin Intereses). El importe a pagar por cada mensualidad es de 11.904,76€/mes.

Es decir durante el primer año se deberá pagar 11.904,76 * 12 = 142.857,14€. Este importe al ser una deuda inferior a 1 año se contabilizará como Pasivo Corriente (Deuda a corto plazo). El resto de la deuda 857.142,85€ se contabilizará como Pasivo No Corriente (Deuda a largo plazo). A medida que el vencimiento se acerca, se sacará el importe del Pasivo No Corriente al Pasivo Corriente, hasta que se 0.

La diferencia entre el Activo y el Pasivo es igual al Patrimonio Neto:

$$\text{Activo} = \text{Patrimonio Neto} + \text{Pasivo}$$

$$\text{Activo} - \text{Pasivo} = \text{Patrimonio Neto}$$

El Balance de Situación expresa el equilibrio patrimonial, esto significa que en todo momento se ha de cumplir la Ecuación Fundamental del Patrimonio.

Cualquier aumento del Activo debe de tener su correspondiente aumento en el Neto o el Pasivo, de la misma forma cualquier disminución del Activo se debe corresponder con una disminución equivalente en el Neto o Pasivo, por ello se le llama Balance de Situación, ya que el total del Activo es igual al total de la suma entre Patrimonio Neto y Pasivo.

CAPÍTULO 3
TERMINOLOGÍA EN EL BALANCE DE SITUACIÓN

Definamos algunos de los términos más utilizados en el Balance de Situación, que nos permitirá desenvolvernos con una mayor agilidad a la hora de comprender la contabilidad.

- **Activo**. Se define como Activo los bienes, derechos y otros recursos controlados económicamente por la empresa de los que se espera obtener beneficios o rendimientos económicos en el futuro. Ejemplo: Efectivo, terrenos, edificios, equipos, maquinaria, patentes, etc.

- **Activo Corriente**. Antes denominado Activo Circulante, es aquel activo líquido a la fecha del cierre del ejercicio o convertible en dinero dentro de los doce meses, además, se consideraran corrientes aquellos activos aplicados para la cancelación de un pasivo corriente. Ejemplo: Cantidad en efectivo, cuentas por cobrar, mercaderías, materias primas, etc.

- **Activo No Corriente**. Antes denominado Activo Fijo, es aquel activo que no varía durante el ciclo de explotación, es decir, un año. Ejemplo: Tierras, edificios, equipos de construcción, herramientas, maquinaria, patentes, mobiliario, programas informáticos, etc.

- **Provisiones**. La definición formal de provisión es un apunte contable que se hace en el Pasivo, en gastos, como reconocimiento de un riesgo tanto cierto como incierto. Ejemplo: Provisiones por pérdidas, por impagos, por garantías de producto, etc.

- **Patrimonio Neto**. Son los aportes realizados por los accionistas o dueños de la empresa, ya sea en el momento de la constitución o en otros posteriores, que no tengan consideración de pasivos exigibles, además de los resultados acumulados (Pérdidas o Beneficios) u otras variaciones.

- **Cuentas por cobrar**. Son las cantidades que deben los clientes por la adquisición de un producto o servicio, ya sea vendido o alquilado y que están pendientes de cobro (que no es lo mismo que de pago). Ejemplo: Un cliente compra 1.000,00€ de mercancía y nos da un pagaré a 3 meses. Esta pagado pero no cobrado. Cuando venza el pagaré y la empresa reciba el dinero cambiará de situación y pasará a cobrado.

- **Cuentas por pagar**. Son las cantidades que la empresa debe a los proveedores o acreedores.

- **Pasivo No Corriente**. Son todas las deudas u obligaciones exigibles (Patrimonio Neto no es exigible) con vencimiento mayor a 1 año. Ejemplo: Hipotecas, préstamos a largo plazo, etc.

- **Efectivo**. También denominada cuenta de tesorería, caja y bancos. Es la cuenta más líquida que hay ya que es el dinero sobre el cual se tiene control y acceso inmediato. Efectivo en la caja de la empresa, el dinero disponible en los bancos, etc.

- **Hipoteca**. Es una forma de garantía, considerada eficaz por las entidades financieras de crédito, bancos y cajas de ahorro, por lo que es mayoritariamente usada por entidades para concesión de préstamos y créditos, llamados hipotecarios por hallarse su devolución garantizada por el derecho real de hipoteca.

- **Inventario**. Para una firma manufacturera es la cantidad total disponible de mercancías terminadas, materia prima y semi-acabados. Para los detallistas (venta al por menor) y mayoristas, es el total de mercancía disponible para la venta.

- **Pagarés, letras, talones, etc**. Son documentos de pago utilizados tanto por la empresa para adquirir bienes y/o servicios como por los clientes.

- **Pasivo**. Es una deuda o un compromiso que se ha adquirido, es decir, todo lo que la empresa debe a proveedores y acreedores. Ejemplo: Pagarés, letras por pagar, cuentas por pagar, etc.

- **Pasivo Corriente**. Es el conjunto de deudas y obligaciones que tiene la empresa con vencimiento inferior a un año.

Esquema de un Balance de Situación:

ACTIVO	PASIVO Y PATRIMONIO
	PASIVO
Activo Corriente	Pasivo Corriente
Cajas y Bancos	Proveedores
Clientes	Bancos
Otras Cuentas por Cobrar	Empleados
Inventarios	Hacienda Pública
Gastos Pagados por Anticipado	**Total Pasivo Corriente**
Total Activo Corriente	Pasivo No Corriente
	Deudas a Largo Plazo
Activo No Corriente	**Total Pasivo No Corriente**
Activo Fijo	**Total Pasivo**
Depreciación	**PATRIMONIO**
Activo Fijo Neto	Capital
Total Activo No Corriente	Resultados Acumulados
	Total Patrimonio
TOTAL ACTIVO	**TOTAL PASIVO + PATRIMONIO**

CAPÍTULO 4
TERMINOLOGÍA EN LA CUENTA DE PÉRDIDAS Y GANANCIAS

Lo primero que debemos de hacer es definir brevemente la cuenta de Pérdidas y Ganancias. **La cuenta de resultados permite calcular y explicar los beneficios o pérdidas de una empresa.** Se puede expresar de formas diversas, según se agrupen los diversos conceptos de ingresos y costes, y según cuales sean los criterios que se sigan a la hora de contabilizar esos ingresos y costes.

- **Ventas Netas.** Es el importe de facturación global por ventas/alquiler de los productos o servicios que ofrece la empresa. Ejemplo: Si la empresa se dedica al servicio de limpieza, las ventas netas es la suma de todas las facturas emitidas.

- **Coste de Ventas.** Son los costes asociados a las ventas. Ejemplo: Si la empresa vende velas, el coste de adquisición de cada vela es el coste de ventas. Dependiendo de la política de asignación de costes de la empresa esto puede variar, asignando por ejemplo también el coste de los comerciales.

- **Margen Bruto comercial.** Es la diferencia entre la facturación y el coste de ventas. Esta cantidad siempre debe de dar positivo, ya que el objetivo principal de la empresa es generar beneficio mediante la ventas netas.

- **Gastos Generales.** Los gastos generales son los gastos fijos de la empresa (sin contar los gastos financieros). Por ejemplo: el alquiler de la oficina, salarios, luz, etc.

- **Otros Ingresos.** Ingresos generados fuera de la explotación normal de la empresa. Por ejemplo: Se vende un coche a nombre de la empresa que ya no es útil para la misma. Se genera un beneficio producido por la venta de un bien que no forma parte de los productos o servicios que ofrece la empresa.

- **Beneficio Bruto de Explotación (EBITDA).** Es el resultado del Margen bruto comercial − gastos generales + otros ingresos. Este nos permite observar si los gastos fijos de la empresa están optimizados o no, permitiendo tomar medidas al respecto.

- **Amortizaciones.** Perdidas de valor de los bienes de la empresa. Ejemplo: los vehículos de la empresa cada año tienen un valor residual menor al precio de adquisición.
- **Deterioros.** Productos dañados, mermas, etc.

- **Beneficios antes de intereses e Impuestos (BAII).** Es el resultado del EBITDA − Amortizaciones − Deterioros. Este nos permite controlar más que nada el % de deterioros y mermas que tiene la empresa, para así tomar medidas y reducirlo.

- **Gastos Financieros.** Son todos los gastos e intereses producidos por la adquisición de productos y servicios bancarios. Ejemplo: los intereses generados por pedir un préstamo, los intereses por descuento de pagarés, etc.

- **Beneficios antes de Impuestos (BAI).** Es el resultado del BAII − Gastos financieros. Es un indicador muy importante ya que el descontrol de estos gastos supone una gran diferencia de beneficio y suelen estar poco controlados.

- **Impuestos.** Es el porcentaje que se queda el estado del beneficio producido por la empresa.

- **Beneficio Neto. Es el resultado de la empresa**, es decir, el beneficio obtenido después de todos los costes e impuestos.

Breve ejemplo de la cuenta de Resultados de una empresa:

Ventas Netas	1.000.000,00 €
(-) Coste de Ventas	600.000,00 €
Margen Bruto Comercial	**400.000,00 €**
(-) Gastos Generales	300.000,00 €
(+) Otros Ingresos	25.000,00 €
Bº Bruto de Explotación (EBITDA)	**125.000,00 €**
(-) Amortizaciones	12.000,00 €
(-) Deterioros	2.000,00 €
Bº Antes de Intereses e Impuestos (BAII)	**111.000,00 €**
(-) Gastos Financieros	25.000,00 €
Bº Antes de Impuestos (BAI)	**86.000,00 €**
(-) Impuestos	30.100,00 €
Beneficio Neto	**55.900,00 €**

Este ejemplo, nos muestra como una empresa que tiene unas Ventas Netas de 1.000.000,00€, obtiene solamente un Beneficio Neto de 55.900,00€, debido a los costes, gastos e impuestos.

> Muchas Ventas Netas ≠ Mucho Beneficio

CAPÍTULO 5
BALANCE Y PYG NO SON SUFICIENTES

Hemos visto la cantidad de información que nos da el Balance de Situación y la cuenta de Pérdidas y Ganancias, y podemos gracias a ello, darnos cuenta de la toma de decisiones que debemos realizar con ellas. Pero no son suficientes, son simplemente el inicio de un análisis financiero.

Intentemos con los temas anteriores responder a las siguientes preguntas:

- **¿Podemos saber si una empresa puede pagar las deudas pendientes que vencen este mes?** La respuesta es no, ya que solo tenemos información de las deudas a corto (<1 año) o largo plazo (>1año), pero no sabemos cuáles vencen este mes.

- **¿Podemos saber cuál es el periodo promedio de cobro?** No, al igual que la pregunta anterior solamente podemos observar cuales son las cuentas a cobrar.

- **¿Podemos saber si la rentabilidad del capital o inversión es superior a lo que indican los expertos que es necesario para el crecimiento futuro?** No, solamente podemos ver el Resultado del Periodo.

- **¿Podemos determinar dónde está el beneficio neto?** No, ya que podemos tener unos altos ingresos pero que aún no se han cobrado.

El Balance de Situación y la cuenta de Pérdidas y Ganancias, no ofrecen suficiente información financiera para adoptar la gran mayoría de las decisiones financieras de la empresa, principalmente porque son una foto de la realidad de una empresa y no representa la continuidad de la misma, dejando de lado cuestiones "futuras" de planificación, por ejemplo, como es el efecto que tiene en el flujo de efectivo con más empleados, cuánto dinero es necesario para llevar a cabo un plan de marketing, nuevas inversiones, compra de maquinaria, etc.

Todas las preguntas anteriores y las que puedan surgir a los responsables de administración o directores financieros pueden ser resueltas gracias a los Análisis de Estados Contables, que iremos viendo con detenimiento en los siguientes temas.

CAPÍTULO 6
ENTENDIENDO LOS RATIOS Y PORCENTAJES

A. ¿POR QUÉ USAR LOS ÍNDICES Y PORCENTAJES?

Lo primero que debemos hacer, es eliminar el miedo a los porcentajes. Observamos que, si se fija, tanto los índices como los porcentajes son muy comunes en nuestra vida diaria, simplemente porque nos hace la vida más fácil, ayudándonos a entender un sinfín de situaciones. Por ejemplo: Si una noticia nos indica que hay 3.000.000 de personas en paro, nos ofrece un dato que no nos está diciendo mucho porque no podemos compararlo, en cambio, sí además, se nos indica que es el 25% de la población activa, comprendemos mucho mejor el número anterior y la importancia que tiene.

Los índices los usamos sobre todo en los comparativos en la vida común, ya sea para saber si un alimento es más caro que otro (€/kg), los promedios de goles de los futbolistas, el coste de una vivienda (€/m2), las tarifas de teléfono (€/min), etc.

Imaginemos la importancia que tienen estos en la empresa, para poder tomar decisiones, observar el progreso e incluso compararse con la competencia.

B. ¿CÓMO SE DESARROLLAN LOS RATIOS?

Los índices se expresan poniendo un número sobre otro.

Por ejemplo: 50/100 es un índice. Esto quiere decir que se dividirá 50 entre 100, y la respuesta será un porcentaje. En este caso 0,50 o 50% porque 50 es la mitad de 100.

$$\frac{50}{100} \begin{array}{l} \rightarrow \text{Cifra que deseamos comparar (numerador)} \\ \rightarrow \text{Base (denominador)} \end{array}$$

Un ejemplo con los números anteriores. Imaginemos que 50 representa 50€, el total de ventas del año, y 100, 100€ el total del Activo de la empresa. Como resultado obtendríamos el ratio que nos indica cuanto vende la empresa por x dinero invertido. Si se invierte 100€, se obtiene 50€ de ventas.

Este mismo ejemplo expresado en porcentaje nos indicaría que tenemos unas ventas del 50% respecto al total del Activo.

Los índices se usan para saber cómo evoluciona la empresa. Con ellos podemos hacer comparativas en distintos momentos y tomar decisiones importantes.

Más adelante veremos diferentes índices, lo que indican y que podemos hacer con ellos.

C. ¿QUÉ MIDEN LOS RATIOS?

Además, como hemos visto anteriormente, en el ejemplo anterior 50/100 = 50% (Proporciones), los índices mide "Links", ya que transforman unen y transforman información. Unos ejemplos pueden ser, traducen los activos como herramientas e inventarios, cuentas por pagar y préstamos en dinero, etc.

Por último, los índices también nos permiten establecer comparaciones entre diferentes momentos pudiendo calcular rotaciones de inventario, evoluciones en los resultados, etc.

	2011		2012	
	Importe	%	Importe	%
Resultado	11.500,00 €	100%	12.500,00 €	109%

Podemos observar un aumento en el resultado del ejercicio de un 9% respecto al año anterior. Este porcentaje unido a otros datos, podremos llegar a la conclusión si esta evolución ha sido la esperada, superada o insuficiente, permitiéndonos tomar medidas.

D. USANDO SIN TEMOR LOS ÍNDICES Y RATIOS

Tenemos que tener en cuenta que los índices y los ratios son varias de las mejores herramientas que se pueden usar en la toma de decisiones, pudiendo obtener de ellos una información imposible de obtener por otros medios.

Hoy en día, cualquier empresa tiene software de gestión que les permite procesar toda la información para llevar así a cabo las obligaciones contables y fiscales. Dependiendo de la potencia del software, permiten o realizar estos análisis directamente o exportar a tablas (Excel, Calc, etc.) para poder realizarlos nosotros mismos.

Los índices y los ratios no pueden sustituir la experiencia o la buena gerencia, pero si harán que las decisiones sean mejores y los resultados medibles, permitiendo optar por diferentes estrategias en el departamento o sección que se necesite.

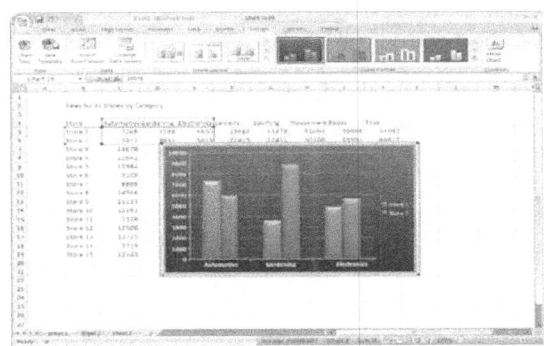

E. CONSEJOS

- **Objetividad.** Los índices nos ayudan a comprender y analizar la situación de la empresa y no deben usarse para respaldar conclusiones anticipadas.

- **Cuidado con las cifras.** Cuando procedemos a utilizar el porcentaje en algún cambio entre dos cifras, debemos comparar la diferencia. Ejemplo: Si aumenta el beneficio de la empresa de 20.000€ a 30.000€, la diferencia es 10.000€, un aumento del 50%. (se puede usar regla de 3 o simplemente dividir la diferencia entre la base, 10.000/20.000). No cometamos el error de dividir 30.000/20.000 ya que no es real.

- **Índices con sentido.** Todo se puede comparar, pero debemos comparar lo que tenga significado y utilidad. Ejemplo: comparar los gastos anuales de la empresa con los Activos fijos (carece de sentido).

- **La Base.** La base es el importe o cantidad a la cual aplicamos un porcentaje. Se suele cometer un error muy frecuente a la hora de aplicar % de cambio, para explicarlo de manera sencilla pondremos un ejemplo:

Nuestra empresa ha vendido este año 10.000€ y queremos que en 5 meses se produzca un aumento del 30%.

El error común es dividir 30% entre 12 meses, un aumento del 2,5% cada mes, **ya que la base en cada mes cambia.**

Enero	Abril	Julio	Septiembre	Diciembre
2,50%	2,50%	2,50%	2,50%	2,50%
10.250,00 €	11.038,13 €	11.886,86 €	12.448,63 €	13.448,89 €

Observamos que si mensualmente aumentamos 2,50% al mes, el resultado es superior a 13.000€ (13.448,89€), un aumento real del 34,49% y no del 30%.

Imaginemos que las ventas son lineales, es decir, se vende lo mismo durante los 12 meses de año, con lo cual, la forma correcta es hallar el 30% de 10.000€ = 3.000€ y dividirlo por los meses, 12, es decir, un aumento de 250€ al mes.

Enero	Abril	Julio	Septiembre	Diciembre
23,00%	6,00%	3,00%	3,00%	2,00%
833,33 €	833,33 €	833,33 €	833,33 €	833,33 €
250,00 €	250,00 €	250,00 €	250,00 €	250,00 €
1.083,33 €	4.333,33 €	7.583,33 €	9.750,00 €	13.000,00 €

Otro de los errores que se produce con sucede en la aplicación de descuentos:

Imaginemos un supuesto "exagerado". Tenemos un coste de mercaderia total de 100,00€, es decir, solamente hay que añadirle el margen de beneficio que deseamos tener en la venta, en este caso un 20%.

Coste	Beneficio	P. Venta
100,00 €	20,00 €	120,00 €

Realizamos un descuento del 18% de este producto por volumen de compra.

P.Venta	Descuento	Perdida
120,00 €	21,60 €	- 1,60 €

Se ha producido una pérdida de 1,60€, ya que se ha vendido el producto a un precio inferior que el de coste. No es lo mismo el 20% de 100€ que el 20% de 120€. **Los descuentos deben de aplicarse a la base y no al total del precio de venta.**

CAPÍTULO 7
INTRODUCCIÓN A LOS RATIOS

Una vez explicado el Balance de Situación y la cuenta de Pérdidas y Ganancias, es momento de realizar una introducción a los ratios.

Hay que tener en cuenta, que ratios hay muchos y que dependiendo de la misión (servicios, manufacturación, etc.) de la empresa se usarán unos u otros. En esta guía explicaremos los más importantes y los que serán de una mayor utilidad

Los ratios son de gran utilidad para los responsables o directivos de las empresas ya que permiten relacionar unos elementos con otros, aportando una información que por sí solos no darían.

Veamos su clasificación:

- Ratios de Liquidez
- Ratios de Actividad
- Ratios de Endeudamiento
- Ratios de Rentabilidad

Un análisis de estados contables utilizando estos 4 grandes grupo, nos permitirá obtener una visión global de la empresa.

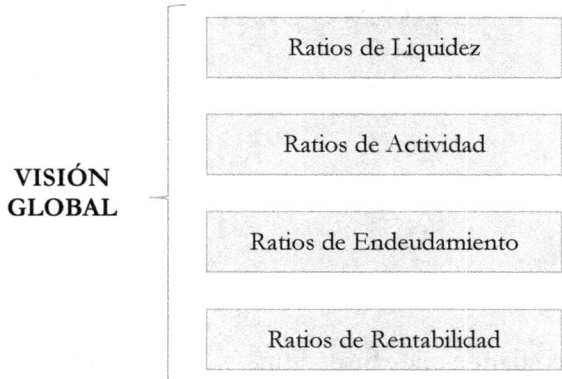

CAPÍTULO 8
RATIOS DE LIQUIDEZ

¿Qué es la liquidez?

La liquidez es la capacidad que posee una entidad (empresa) de hacer frente a sus deudas a corto plazo, atendiendo al grado de liquidez del activo circulante.

Hay que diferenciar entre liquidez y activos o liquidez y rentabilidad. Una empresa puede tener una rentabilidad muy grande y no ser capaz de atender los pagos. Ejemplo: Si una empresa ha vendido 10.000€ de mercancías las cuales serán cobradas dentro de 3 meses mediante pagares (no los puede negociar) y tiene deudas que vencen el mismo mes a proveedores, esta empresa no tiene capacidad de pago.

Los principales ratios de liquidez son:

a) Ratio del Circulante
b) Prueba del Ácido o Prueba Ácida

a) Ratio del Circulante

$$\text{Ratio del Circulante} = \frac{\text{Activo Corriente}}{\text{Pasivo Corriente}}$$

Observamos que el ratio del circulante se calcula dividiendo el Activo Corriente entre el Pasivo Corriente.

El Activo Corriente lo conforman el efectivo (Caja y Bancos), los clientes (efectos a pagar), inventario (existencias), etc. El Pasivo Corriente en cambio, son deudas a corto plazo, ya sean, documentos a pagar, proveedores, deudas a corto plazo con bancos, Hacienda Pública, etc.

Este ratio es uno de los más utilizados y nos indica el grado en el cual los derechos de los acreedores a corto plazo se encuentran cubiertos por los activos a corto plazo, es decir, si la empresa tiene suficiente capacidad de pago para con las deudas que vencen en un corto periodo de tiempo < 1 año.

¿Cómo analizarlo?

Para que el resultado sea aceptable, el ratio debe estar entre los valores 1 y 2. Si el valor es inferior a 1 (<1) nos indica que la empresa no tiene capacidad de atender los pagos a corto plazo, teniendo que obtener financiación externa, del activo fijo o declararse en suspensión de pagos. En cambio, si el valor es superior a 2 (>2) significa un exceso de liquidez, es decir, no está sacando el suficiente rendimiento al activo corriente. Una manera de solucionarlo es invirtiendo este sobrante en depósitos, otros productos financieros o activos no corrientes que generen rentabilidad.

Pongamos un par de ejemplos:

	2011	2012
Ratio del Circulante	1,92	1,45

¿Qué observamos?

Lo primero que vemos es que en el año 2011 el valor es aceptable, pero que la empresa se acerca a tener un exceso de efectivo. En el año 2012 la tendencia del exceso cambia, estando en una situación más equilibrada y dentro de los valores aceptables del ratio, entre 1 y 2.

b) Prueba del Ácido o Prueba Ácida

$$\text{Prueba Ácida} = \frac{\text{Activo Corriente - Existencias}}{\text{Pasivo Corriente}}$$

La fórmula es muy parecida a la anterior, pero en este caso eliminamos del Activo Corriente las existencias o inventario.

Los inventarios es la partida menos liquida del Activo Corriente, ya que para hacerse efectiva necesita un plazo de tiempo mayor que las demás. Dentro de ella se encuentran todos los productos del inventario destinados a la venta (producto final), o en proceso de fabricación (producto semi-terminado, materia prima, etc.)

La diferencia entre este ratio y el anterior es que mide la habilidad de la empresa para liquidar sus obligaciones en el corto plazo "más exigibles", es decir, la capacidad que tiene la empresa de pagar deudas inmediatamente sin necesidad de recurrir a la venta de las existencias.

¿Cómo analizarla?

Para que el valor sea aceptable debe estar lo más próximo al 1 (=1). Si el resultado fuera inferior a 1 (<1) nos indicaría que la empresa puede tener insuficiencia de recursos líquidos para hacer frente a los pagos. En el caso que el valor sea mayor a 1 (>1) significa justo lo contrario, un excedente de recursos líquidos mal aprovechados, es decir, con poca o nada rentabilidad.

Sigamos con el ejemplo anterior:

	2011	2012
Prueba Ácida	0,53	0,96

¿Qué observamos?

A pesar que el ratio de circulante favorable en 2011 (aunque indicara deficiencias), la prueba del ácido nos indica que hay una deficiencia en la liquidez, ya que a pesar de ser capaces de tener suficiente activo corriente para pagar deudas a corto plazo, no tenemos suficiente efectivo. Las posibles soluciones estarían dentro del marco de las existencias, por ejemplo, reducir el stock (just-in-time), mejorar el sistema productivo (reducir tiempos de manufacturación), etc.

En el año 2012, se observa una mayor normalidad, que junto al ratio del circulante nos da a entender que se tomaron medidas adecuadas.

CÁPITULO 9
RATIOS DE ACTIVIDAD

Los ratios de actividad, también llamados de rotación o gestión, miden con qué nivel de eficiencia la empresa utiliza sus activos, estando muy relacionados con el análisis de la liquidez.

Nos permiten analizar el ciclo de rotación ya sea de cobros, pagos, existencias, activos, etc. Y por ello están expresados en días.

Los principales ratios de actividad son:

- a) Rotación de cuentas por cobrar
- b) Plazo promedio de cobro
- c) Rotación de cuentas a pagar
- d) Plazo promedio de pago
- e) Rotación de existencias
- f) Plazo promedio de existencias
- g) Rotación de activo fijo
- h) Rotación de activos totales

A. Rotación de Cuentas por Cobrar

$$\text{R. de Cuentas por Cobrar} = \frac{\text{Ventas Netas}}{\text{Cuentas por Cobrar}}$$

Una empresa ha vendido 50.000€ de productos, de los cuales 45.000€ han sido a crédito. Las cuentas a cobrar oscilan mensualmente, pero su promedio es de 12.000€.

Ventas Netas = 45.000

$$\text{R. de Cuentas por Cobrar} = \frac{45.000,00\ €}{12.000,00\ €}$$

$$\text{R. de Cuentas por Cobrar} = 3,75$$

3,75 veces se han saldado los saldos de clientes durante el año.

¿Cómo analizarlo?

Los ratios de actividad dan como resultado a diferencia de los demás, unidades de tiempo (veces que se repite a lo largo de un periodo de tiempo y días), y las interpretaciones siempre dependerán del tipo de negocio. Si usted desconoce en un principio si los resultados son adecuados o no, el consejo que se le puedo dar es el siguiente: Por un lado, observe la competencia, cuanto más datos tenga mejor será la comparativa, y por otro lado intente siempre mejorar de un año para otro, realizando análisis de estados contables como mucho anualmente, cuanto más breve sea el espacio de tiempo mejor, ya que podrá tomar medidas correctoras con antelación.

B. Plazo Promedio de Cobro

$$\text{Plazo Promedio de Cobro} \quad \frac{360}{\text{R. de Cuentas por Cobrar}}$$

El resultado se obtiene dividiendo 360 días entre el ratio de cuentas a cobrar, dando como resultado el promedio que tardan los clientes en cancelar las cuentas, es decir, el número promedio de días que debe esperar la empresa para recibir el efectivo (cobro) después de realizar una venta.

Este ratio es muy importante para el responsable del credit-manager (créditos) y para el departamento de gestión de cobros, siendo un indicador de sus políticas.

¿Cómo analizarlo?

Si el departamento de crédito amplia o reduce los días de riesgo de los clientes, se verá reflejado el ratio, de la misma manera que la eficiencia del departamento de cobros, ya que si reducen la morosidad o se amplia, también se verá reflejada, ya que los días promedio de cobro aumentaran o disminuirán.

Pongamos un ejemplo:

	2011	2012
P. Promedio de Cobro	125	90

¿Qué observamos?

En este caso una evolución positiva ya que en el año 2011 se tardaba de promedio 125 días para cobrar una venta, mientras que en el 2012, la cifra bajo solamente a 90 días.

Es importante averiguar cuales fueron principalmente los motivos de este cambio. ¿La creación de un departamento de gestión de cobros?, ¿La incorporación a la empresa de un credit-manager?, ¿Políticas de riesgos más rígidas?, ¿Descuentos por pronto pago?, ¿Ofertas?, etc.

C. Rotación de Cuentas a Pagar

$$\text{R. de Cuentas a Pagar} \quad \frac{\text{Compras}}{\text{Cuentas por Pagar}}$$

La fórmula más habitual de calcular el ratio de cuentas a pagar es dividir las compras totales anuales a crédito entre el promedio de las cuentas por pagar. El resultado de esta operación es el número promedio de veces que la empresa liquida las cuentas por pagar en un año fiscal.

Esta ratio calcula la rapidez con la que una empresa cumple con sus obligaciones financieras para con sus proveedores y/o acreedores.

¿Cómo analizarlo?

La información que ofrece este ratio nos permite deducir si la empresa está atravesando algún tipo de dificultad financiera ya que muestra si la empresa tiene o no suficiente flujo de efectivo.

El valor del ratio es relativo y dependerá del tipo de empresa. Si el valor es alto o aumenta en el tiempo significa que la empresa tarda menos en pagar a los proveedores o acreedores, demostrando un flujo de efectivo sano. En cambio, si el valor es pequeño o disminuye en el tiempo significa que tarda en pagar y que el flujo de efectivo está empeorando siendo esta una mala señal.

Pongamos un ejemplo:

	2011	2012
R. de Cuentas a Pagar	100	110

¿Qué observamos?

Observando simplemente el ratio vemos que el promedio de pago ha aumentado de un año a otro y que indica un empeoramiento del flujo de efectivo, es pues, una señal de alarma.

Es muy importante entender las circunstancias de la empresa y analizar con la mayor información posible.

Imaginemos que nos llama la atención el hecho de que la empresa a pesar de este dato, goza de una salud financiera excelente, ha aumentado su beneficio, tiene más clientes, mayor número de ventas, etc. ¿Qué podría haber sucedido para que este valor sea "negativo" pero que hace que la empresa haya mejorado en salud financiera? Un ejemplo sencillo es cambios en la política de pagos. La empresa ha decidido retrasar los días de pagos por dos razones: la primera que tiene un poder de negociación superior al de los proveedores, (por ejemplo Mercadona) y la segunda es que la normalidad de este tipo de empresas tienen un mayor plazo de pago.

D. Plazo Promedio de Pago

$$\text{P. Plazo Promedio de Pago} \quad \frac{360}{\text{R. de Cuentas a Pagar}}$$

El resultado se obtiene dividiendo 360 días entre el ratio de cuentas a pagar, dando como resultado el promedio que tarda la empresa en liquidar las cuentas de proveedores y acreedores, es decir, el número promedio de días que debe esperar los proveedores en recibir el efectivo (pago).

Este ratio es muy importante para el responsable del departamento de compras, siendo un indicador de sus políticas.

¿Cómo analizarlo?

Al igual que el anterior, si el valor es alto o aumenta en el tiempo significa que la empresa tarda menos en pagar a los proveedores o acreedores, demostrando un flujo de efectivo sano. En cambio, si el valor es pequeño o disminuye en el tiempo significa que tarda en pagar y que el flujo de efectivo está empeorando siendo una mala señal.

No hay que olvidar el analizar siempre con la mayor información posible para poder interpretar adecuadamente los valores que nos aportan los ratios.

Pongamos un ejemplo:

	2011	2012
P. Promedio de Pago	30	60

¿Qué observamos?

Un aumento del doble en el plazo promedio de pago, siendo en el 2011 de 30 días a duplicarse en el 2012 a 60 días.

Esta puede ser una de las situaciones más habituales de las empresas españolas a lo largo de la crisis, que por falta de liquidez han ido retrasando los pagos cada vez más.

E. Rotación de Existencias

$$\text{Rotación de Existencias} = \frac{\text{Coste Mercancías Vendidas}}{\text{Promedio de Existencias}}$$

La rotación de existencias se obtiene dividiendo el coste de las ventas (unidades vendidas * coste de adquisición) entre el promedio de inventarios en el mismo periodo, dando como resultado el número de veces que ha rotado el almacén, permitiendo identificar cuantas veces el inventario se convierte en dinero o cuentas por cobrar.

¿Cómo analizarlo?

Cuanto mayor sea el número de rotaciones significa que las mercancías permanecen menos tiempo en el almacén, lo que se puede entender como una buena gestión y administración de los inventarios. Al contrario, cuanto menor sea el número de veces que rota el almacén, significa que tarda más tiempo en convertir las existencias en dinero, además, no hay que olvidar que cuanto mayor tiempo este una mercancía en el almacén mayor coste tiene.

La rotación de existencias será más adecuada cuanto mayor se aleje de 1, maximizando la utilización de los recursos disponibles.

Pongamos un ejemplo:

	2011	2012
Rotación de Existencias	13	22

¿Qué observamos?

La rotación de inventarios ha aumentado de un año para otro, logrando en principio una mejora en la eficiencia del almacén y mejora de los costes.

La empresa puede haber tomado diferentes medidas para que el ratio haya aumentado de esta manera. Por ejemplo: políticas comerciales y de marketing más efectivas (3x2, precios más bajos, etc.), cambio de productos de venta por unos de mayor rotación, mejora en los programas de logística y gestión de almacenes, etc.

F. Plazo Promedio de Existencias

$$\text{Plazo Promedio de Existencias} = \frac{360}{\text{Rotación de Existencias}}$$

Obtenemos el plazo promedio de existencias dividiendo 360 días entre la rotación de existencias. Como resultado obtenemos el promedio en días que la empresa tarda en rotar las existencias del almacén.

Este ratio es afectado por las políticas de venta, el departamento de logística, marketing y financiero, ya que como hemos comentado antes, cuanto mayor tiempo este una existencia en el almacén mayor coste tiene para la empresa.

¿Cómo analizarlo?

Como hemos visto en la rotación de existencias, cuanto mayor sea el número de días menor es el tiempo que las mercancías permanecen en el almacén, siendo menor coste para la empresa. En cambio, cuanto menor sea, mayor coste.

Este valor dependerá del tipo de industria al que pertenezca la empresa, ya que hay productos que tardan en ser vendidos (difícil salida), sobre todo maquinaria pesada, pisos, coches, etc. Y otros productos como en el sector de la alimentación cuya rotación es muy rápida.

Pongamos un ejemplo:

	2011	2012
P. Promedio de Existencias	30	25

¿Qué observamos?

Observamos que los días en los que tarda en rotar las existencias del almacén se han reducido a 5 de un año otro. Se entiende que es una valoración positiva debida a diferentes políticas que se han explicado en la rotación de existencias (ratio anterior).

Si tuviéramos más datos se podría observar por ejemplo, que la empresa pertenece al sector de la alimentación y que la media del sector en días promedio de existencias es de 13, con lo cual, se podría interpretar el dato como una leve mejoría pero bastante insuficiente.

G. Rotación del Activo Fijo

Rotación del Activo Fijo	$\dfrac{\text{Ventas Netas}}{\text{Activo Fijo Neta}}$

La rotación del Activo Fijo se calcula dividiendo las ventas netas (unidades vendidas x coste) entre el Activo Fijo neto (Activo no corriente – amortizaciones).

Las amortizaciones son la pérdida de valor de los activos a lo largo del tiempo. Ejemplo: Un ordenador comprado en el 2009, no vale lo mismo en el 2012. Esta depreciación que se anota contablemente se le denomina amortización.

Este ratio nos permite comprar el monto de las ventas con el activo fijo neto, permitiéndonos maximizar las ventas con el mínimo activo posible, es decir, que la empresa venda lo máximo posible con los menores recursos, obteniendo la máxima eficiencia.

¿Cómo analizarlo?

Cuanto mayor es el valor obtenido, mayor es la eficiencia de la empresa, ya que se logra vender más con menos recursos. En cambio, cuanto menor es el número obtenido menor es la eficiencia, dando entender la necesaria aplicación de una nueva estrategia.

Este indicador manifiesta un crecimiento paulatino que denota la correcta administración de los activos fijos.

Pongamos un ejemplo:

	2011	2012
Rotación del Activo Fijo	3,33	5,21

¿Qué observamos?

Para este ejemplo vamos a añadir unos cuantos datos mas:

La empresa en el 2011 tiene un total de Activo no corriente de 300.000€, formado por oficinas, mobiliario, vehículos, etc. Y unas ventas netas de 1.000.000€ (unidades vendidas * costes), dando como resultado una rotación del Activo Fijo de 3,33.

En el siguiente año, se mantiene el Activo no corriente, pero se produce un aumento en las ventas netas, llegando a un total de 1.564.564,56€, dando como resultado una rotación del Activo Fijo de 5,21.

Podemos decir que se ha producido una mejora de la eficiencia de la empresa, vendiendo más productos con la misma estructura fija.

H. Rotación del Activo Total

$$\text{Rotación del Activo Total} \quad \frac{\text{Ventas Anuales}}{\text{Activo Total}}$$

Este ratio se calcula mediante la división de las ventas anuales (número de unidades vendidas + margen de beneficio) entre el Activo Total (Activo no corriente + Activo corriente).

EL resultado nos permite medir el grado de eficiencia que se está utilizando los Activos de la empresa para la generación de ventas.

A diferencia de la rotación del Activo Fijo, en este caso se utiliza para medir la eficiencia el total del Activo de la empresa incluyendo la tesorería, los bancos, las existencias, los vehículos, edificios, etc.

¿Cómo analizarlo?

Exactamente igual que el anterior. Tomando como evolución positiva cuanto mayor sea el resultado y negativa, cuanto menor sea, manifestando la efectividad de la administración de los recursos totales de la empresa.

Pongamos un ejemplo:

	2011	2012
Rotación del Activo Total	24,96	39,06

Activo	400.500 €
Activo no corriente	300.000 €
Activo corriente	100.500 €

¿Qué observamos?

Sigamos con el ejemplo anterior.

La empresa en el 2011 cuenta con Activo Total de 400.500€ contando en este caso con el Activo corriente (bancos, tesorería, clientes, existencias, etc.) y se han producido unas ventas totales de 10.000.000€, dando como resultado una rotación del Activo Totales de 24,96.

En el año 2012, se mantiene el Activo Total, pero se produce un aumento en las ventas totales, llegando a un total de 15.645.645,60€, dando como resultado una rotación del Activo Total de 39,06.

Vemos como refleja y sigue reflejando la evolución positiva referente a la eficiencia. Se produce un mayor número de ventas con un mismo Activo.

CAPÍTULO 10
RATIOS DE ENDEUDAMIENTO

Los activos de la empresa se obtienen mediante la financiación, ya sea financiación propia o externa. Ejemplo: Si al iniciar la empresa ingresamos como capital social 10.000€ y compramos maquinaria, mobiliario y existencias, estamos usando financiación propia. Si compramos existencias y entregamos algún documento de pago como un pagaré o pedimos prestado dinero a una entidad financiera, estamos usando financiación externa.

Los ratios de endeudamiento nos permiten saber la relación que guardan entre si los recursos ajenos, los recursos permanentes y los recursos propios, además, nos ayudarán a conocer la calidad y cantidad de la deuda que tiene la empresa, así como comprobar hasta qué punto se obtiene el beneficio necesario para soportar la deuda o fuentes de financiación.

Los principales ratios de endeudamiento son:

a) Razón de endeudamiento
b) Razón de autonomía
c) Calidad de la deuda

A. Razón de Endeudamiento

$$\text{Razón de Endeudamiento} = \frac{\text{Pasivo Total}}{\text{Activo Total}}$$

La razón de endeudamiento se calcula dividiendo el Pasivo total (Pasivo corriente + Pasivo no corriente) entre el Activo total (Activo corriente + Activo no corriente).

Nos permite medir la intensidad de todas las inversiones de la empresa (deuda) en relación con la financiación externa, es decir, este ratio nos permite saber que tanto por cien de la deuda pertenece a la financiación ajena.

¿Cómo analizarlo?

Los valores están situados entre 0 y 1, siendo el 0 el 0% y el 1 el 100%. Cuanto mayor es el valor, mayor es la deuda que tiene contraída la empresa con agentes externos, ya sean proveedores, acreedores, deudas bancarias, etc. En cambio, cuanto menor sea el valor, menor es la deuda.

La interpretación de este valor dependerá de la situación de la empresa, en cuanto al sector que pertenezca, sobre todo, si es de nueva creación, etc. A pesar de ello podemos indicar que cuanto mayor sea el valor, mayor es la dependencia de la empresa frente a terceros.

Pongamos un ejemplo:

	2011	2012
Razón de Endeudamiento	0,25	0,45

¿Qué observamos?

Vemos que en el año 2011 el 25% de la financiación de la empresa proviene de agentes externos, lo que representa una gran independencia. En el año 2012, se produce un cambio de tendencia, aumenta a un 45% la deuda hacia terceros, doblando casi la dependencia que tenía en el año anterior.

Veamos este resultado desde otra perspectiva:

Si la empresa fuera constituida en el año 2011, es lógico pensar que tendría unas ventas moderadas y que los proveedores no ofrecerían un crédito espectacular, obteniendo como resultado una razón de endeudamiento relativamente baja. Si en el año 2012, los proveedores les permitieran comprar más a crédito, podría explicar el aumento del 20% de un año para otro. La interpretación dependerá de la visión global.

B. Razón de Autonomía

$$\text{Razón de Autonomía} = \frac{\text{Total Patrimonio Neto}}{\text{Activo Total}}$$

La razón de autonomía se calcula mediante la división entre el total del Patrimonio Neto y el Activo total (Activos corrientes + Activos no corrientes).

En el anterior ratio pudimos ver como hallábamos la proporción de la deuda perteneciente a la financiación externa, es decir, de terceros, ya sean bancos, proveedores, acreedores, etc. En este caso, el resultado es el contrario, hallaremos el porcentaje correspondiente de la deuda que pertenece a la financiación propia, es decir, de los recursos propios de la empresa (Patrimonio Neto) pudiendo observar el nivel de independencia financiera que tiene la empresa.

¿Cómo analizarlo?

La razón de autonomía es totalmente complementaria a la razón de endeudamiento, con lo cual, la suma entre las dos siempre da 1.

Cuanto menor es el valor, mayor es la deuda que tiene contraída la empresa con agentes externos. En cambio, cuanto mayor sea el valor, menor es la dependencia de la empresa frente a terceros, financiando los activos con el patrimonio neto total de la empresa.

Pongamos un ejemplo:

	2011	2012
Razón de Autonomía	0,75	0,55

¿Qué observamos?

Siguiendo con el ejemplo anterior, nos fijamos en que las cifras son los diferenciales con el 1, es decir, la razón de endeudamiento era 0,25, con lo cual, la razón de autonomía es (debe ser) 0,75.

Los datos nos expresan lo contrario que la anterior. En el 2011 el 75% de la financiación provino de los recursos propios y en el 2012 se redujo al 55%.

C. Calidad de la Deuda

$$\text{Calidad de la Deuda} = \frac{\text{Pasivo Corriente}}{\text{Pasivo Total}}$$

El ratio de calidad de la deuda se obtiene dividiendo el Pasivo corriente (obligaciones a corto plazo <1 año) entre el Pasivo Total.

Este coeficiente nos permite determinar la proporción que representa la deuda a corto plazo sobre el total de la deuda.

¿Cómo analizarlo?

El valor se comprenderá entre el 0 y el 1, siendo el 1 el 100%. A grosso modo, lo más interesante es que el valor sea el menor posible, puesto que reflejará una mayor facilidad para devolver los fondos ajenos al dilatarse los vencimientos de estos en el tiempo, siendo más fácil planificar los pagos.

Pongamos un ejemplo:

	2011	2012
Calidad de la Deuda	0,33	0,25

¿Qué observamos?

La normalidad es que las empresas se vean apuradas financieramente debido entre otras cosas a la proximidad en los vencimientos de los pagos y las dilataciones de los cobros. En este ejemplo vemos lo contrario.

En el año 2011 la deuda a corto plazo representa el 33% del total de la deuda ajena. En el 2012 esta se sitúa en el 25%.

¿Qué razones puede haber para que esto suceda? Por ejemplo: la empresa ha dejado de comprar existencias, dedicándose a servicios. Paga a los proveedores con un préstamo unificado a largo plazo a través de entidades bancarias, etc. Como siempre, debemos de tener la mayor información posible.

CAPÍTULO 11
RATIOS DE RENTABILIDAD

Los ratios de rentabilidad son aquellos que comparan las ganancias de la empresa de un periodo con determinadas partidas, dando como resultado la eficiencia de la gestión de la empresa, es decir, la forma en que se han utilizado los recursos para obtener beneficio.

Ofrecen en general respuestas sobre lo que tan efectivamente está siendo manejada la empresa. Por ello, estos ratios son muy importantes y son velados tanto por los directivos como los inversores, ya que a medida que los resultados son mayores, mayor será la prosperidad para la empresa y rentabilidad para los accionistas.

Los principales ratios de endeudamiento son:

a) Margen de Beneficio Neto
b) ROE
c) ROI

A. Margen de Beneficio neto

$$\text{Margen de Beneficio Neto} \quad \frac{\text{BAII}}{\text{Ventas}}$$

Se calcula mediante dividiendo el Beneficio antes de intereses e impuestos entre las ventas netas. Ambas son partidas de la cuenta de resultados, no del Balance de Situación.

El Margen de Beneficio neto o Rentabilidad de los Ingresos, nos indica cuanto beneficio obtiene la empresa por euro vendido.

Este ratio está en relación directa con el control de gastos y costes de la empresa, ya que controlando estos, el valor puede aumentar o disminuir, es decir, aunque se venda más, si los gastos aumentan, el resultado se ve reducido por la influencia negativa del exceso de costes del periodo.

¿Cómo analizarlo?

Cuanto mayor es el valor, mayor beneficio obtiene la empresa, en cambio cuanto menor valor menor beneficio.

Este valor puede variar mediante el control de las siguientes partidas:

- **Coste de ventas**. Reduciendo el coste de los mercaderías, ya sea, con descuentos por cantidad, ahorro en los costes de envíos y seguros, etc.

- **Gastos generales**. Son los gastos derivados de la estructura fija de la empresa. Se puede reducir los gastos de telecomunicaciones, Internet, combustible, electricidad, alquiler, personal, seguros, reducir la estructura fija, subcontratar, etc.

- **Deterioros**. Se reduce el porcentaje de deterioros mediante el control de calidad en todos los procesos.

Pongamos un ejemplo:

Ventas Netas	1.000.000,00 €
(-) Coste de Ventas	600.000,00 €
Margen Bruto Comercial	**400.000,00 €**
(-) Gastos Generales	300.000,00 €
(+) Otros Ingresos	25.000,00 €
Bº Bruto de Explotación (EBITDA)	**125.000,00 €**
(-) Amortizaciones	12.000,00 €
(-) Deterioros	2.000,00 €
Bº Antes de Intereses e Impuestos (BAII)	**111.000,00 €**
(-) Gastos Financieros	25.000,00 €
Bº Antes de Impuestos (BAI)	**86.000,00 €**
(-) Impuestos	30.100,00 €
Beneficio Neto	**55.900,00 €**

	2011
Margen de Beneficio Neto	0,11 €

¿Qué observamos?

Para que nos sea más familiar, usaremos como ejemplo la cuenta de resultados del tema 4.

Vemos que el Margen de Beneficio neto es 0,11€, indicándonos que por cada euro vendido, un total de 1.000.000€, solamente 0,11€ son beneficio.

Podemos entender si esta cifra es positiva o negativa dependiendo del sector de la empresa. Ejemplo: en moda, sobre todo si son de marca, los márgenes son muy altos, en cambio, si el sector es el automovilístico, los márgenes son muy reducidos.

B. ROE (Return On Equity) o Rentabilidad del Capital Invertido

$$\text{ROE} \quad \frac{\text{Beneficio Neto}}{\text{Recursos Propios}}$$

Se obtiene mediante la división del Beneficio neto (Beneficio obtenido por la empresa despues de intereses e impuestos) y los Recursos propios.

Es uno de los principales indices que usan los accionistas o inversores a la hora de invertir, ya que nos indica que rentabilidad se obtiene por la inversión de capital.

¿Cómo analizarlo?

El resultado del ratio es el porcentaje de rentabilidad que da la empresa a los accionistas o inversores, por eso, cuanto mayor sea el valor, mayor valor tendrá la empresa para los inversores.

Hay que tener en consideración el mercado financiero, ya que este representa la medida que indica si el porcentaje obtenido en el ratio es alto o bajo. Por ejemplo: Si la media de los depositos a 1 año esta al 4%, la empresa debe de dar como ROE un valor superior para que sea atractivo invertir en ella, si no es mas alto, el inversor elegira productos mas conservadores o invertira en otras empresas.

Pongamos un ejemplo:

ROE	5%
Depósito	5%

¿Qué observamos?

Vemos que la empresa tiene una rentabilidad del 5% frente a sus accionistas y que la media de los depósitos a un año tambien tiene el mismo valor.

¿Qué hacer? En este caso es sencillo, la inversión mas interesante es el depósito.

¿Qué pasaria si el ROE fuera de 5,5%? Hay muy poco margen de diferencia y tendriamos que tener una mayor información. Ejemplo: Si tuviera simplemente estos datos, la opción mas sensata sería la elección del depósito ya que este es mucho mas seguro que una empresa (menos riesgo), la cual, aunque la rentabilidad fuera un 0,5% superior, esta podria quebrar. En cambio, si la empresa estuviera consolidada y mostrará una fuerte continuidad en el tiempo se podria invertir en ella.

c. **ROI (Return Over investment) o Retorno de la Inversión**

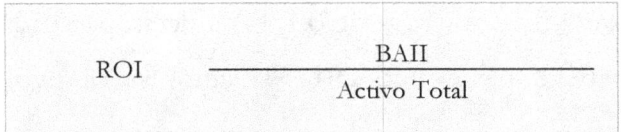

$$ROI = \frac{BAII}{Activo\ Total}$$

Se obtiene mediante la división del Beneficio Antes de Intereses e Impuestos (BAII) entre el Activo total (Activo corriente + Activo no corriente).

El Retorno de la Inversión nos indica la capacidad que tiene la empresa de generar beneficio, es decir, el beneficio que se obtiene por cada euro invertido en activo, proporcionando el nivel de eficacia de la gestión de los activos.

¿Cómo analizarlo?

El ROI nos da como resultado el beneficio obtenido por cada euro invertido en el activo, con lo cual, cuanto mayor sea el valor del ROI, mas beneficio se genera, en cambio cuanto menor sea este valor, menor es el beneficio.

Este ratio es muy importante en lo que a gestión de recursos se refiere, ya que no indica si una estructura pesada genera poca rentabilidad o una estructura pequeña, mucha.

Pongamos un ejemplo:

	2011	2012
ROI	0,19 €	0,25 €

¿Qué observamos?

En el año 2011, la empresa tuvo un ROI de 0,19€, es decir, por cada euro de Activo, generó 0,19€ de beneficio. En el año 2012, la empresa obtuvo un ROI superior, demostrando una gestión mas efiente del activo de la empresa.

¿Cómo se puede controlar el ROI? Por un lado reduciendo el Activo, ya sea mediante la disminución de existencias, venta de inmovilizado, subcontración, etc. Por otro lado mediante el aumento del BAII, ya sea por el aumento de las ventas, disminución de los deterioros y la reducción de los costes fijos.

CAPÍTULO 12
RATIOS, COSAS A TENER EN CUENTA

En varias ocasiones hemos comentado que para realizar una buena interpretación de los ratios es necesario tener la mayor información disponible, un punto de vista global.

Para saber que ratios son los más adecuados y poder interpretarlos de la mejor manera posible, tenemos que considerar el tipo de negocio al que lo vamos a aplicar, su antigüedad, temporalidad y estrategia.

- **Tipo de negocio**. Hay negocios que necesitan gran cantidad de activos fijos (estructura fija) ya sea maquinaria, instalaciones, vehículos y terrenos. Tendríamos que dar más importancia a los ratios que nos indiquen la eficiencia de los activos.
Otro tipo de empresas tienen grandes necesidades de stock para poder cubrir la producción en caso de emergencia. Tendríamos bastante en cuenta los ratios que midieran la eficiencia de los activos corrientes e inventario (existencias).

- **Antigüedad**. No es lo mismo una empresa de nueva creación o si ya ha pasado el periodo de los tres primero años, prestando más atención a los ratios de rentabilidad y eficiencia.

- **Temporalidad**. Dependiendo del sector hay empresas donde su grueso económico proviene de las ventas en determinados meses (estacionales), como verano o las navidades. Será importante observar los ratios de liquidez que permitan controlar si habrá o no habrá capacidad financiera para hacerse cargo de los meses no tan activos o inactivos.

- **Estrategia**. Los intereses de la empresa determinan la importancia de muchos ratios, ya sea porque quieren expandirse o crear nuevos productos. Ratios de endeudamiento y solvencia permiten saber si las empresas tienen capacidad de solicitud de financiación, por ejemplo.

CAPÍTULO 13
ANÁLISIS DE LOS GASTOS

La empresa necesita una serie de recursos para realizar sus actividades, es decir, mantenerse viva. Estos recursos suponen un gasto, una salida de dinero por parte de la empresa o del negocio, pero a pesar de ello, no se debe tener miedo, en todo caso respeto, y tenerlos muy en cuenta en las estrategias y políticas de la empresa, ya sean políticas de precios, proyecciones (expectativas) de ventas y flujos de efectivo, plan de negocios, viabilidad de proyectos, etc.

Es fácil de intuir que si los gastos son altos, perjudican la salud financiera de la empresa, con lo cual deben de ser comprendidos y controlados, y saber que sucede en la empresa si estos aumentan o disminuyen.

Examinando los Gastos

Al igual que sucede con el resto de análisis, cuanto menor sea la repetición, mejor, ya que le permitirá tomar decisiones anticipadamente y controlar e interpretar los gastos más adecuadamente, permitiendo maximizar el beneficio.

El primer paso es revisar las proyecciones de ventas realizas para este año y comprobar lo sucedido, es decir, si las ventas fueron las previstas, si hubieron situaciones que pudieran producir algún cambio, ventas excepcionales, meses malos, diferente temporalidad a la proyectada, etc.

Si no se tienen en cuenta estos factores que afectan a las ventas, se podría dar situaciones complejas. Ejemplo: La compra excesiva de mercaderías después de una situación de anormal bonanza, con la consecuente pérdida de beneficio si tuviera que rebajar los precios para dar salida al stock sobrante.

Las ventas

> Ventas = Precio x Unidades Vendidas

Las ventas son igual al precio de venta por las unidades vendidas, es decir, que cualquier aumento de valor en las unidades, ya sea Precio o Unidades de venta, aumentarán el resultado. De igual forma, si cualquiera de las unidades decrece (sin compensación del otro parametro), el resultado de las ventas disminuirá.

Debemos tener en cuenta este hecho en nuestra política de precios, ya que si procedemos a bajar el precio de nuestros productos y con ello, no se produce un aumento en las ventas, el resultado será un menor ingreso.

Es interesante en este aspecto hacer mención a ***"la elasticidad de la demanda"***. Se define como el impacto que las variaciones en el precio tienen sobre la cantidad demandad. Dependiendo de la variación de la demanda, esta puede clasificarse en: Demanda elástica, inelástica, normal.

Si tenemos un producto al cual podemos subir el precio sin tener ninguna o prácticamente ninguna disminución en la demanda, se dice que tiene una demanda inelástica. En cambio, si la demanda aumenta o disminuye muchísimo dependiendo del precio, se dice que es elástica.

Coste de los Productos Vendidos

Prestar atención a las variaciones en los precios de compras, nos dará una enorme ventaja frente a nuestros competidores, ya sea por la posibilidad de reducir el precio de venta, como la de aumentar el beneficio.

Hallar las causas tanto del aumento como la disminución en los costes de los pedidos, nos permitirá prepararnos estratégicamente.

Pongamos varios ejemplos:

- Se produce un aumento del pedido por la temporalidad (verano). Podemos evitar parcialmente esta subida modificando las previsiones de compra, y realizando esta con anterioridad.

- Se produce un aumento debido en este caso al transporte y seguro. Si tenemos la opción de negociar otro transporte o seguro o incluso recogerlo nosotros o nuestros propios medios de transportes, podremos evitar esta subida.

- Una bajada en el precio debido a una bonificación por parte del proveedor. Estudiar este tipo de bonificaciones nos permite reducir más a menudo nuestro coste de compra.

Cuando realizamos una compra, en la factura viene detallada cada coste de la misma, separando los ítems de los productos, cargo de transporte, seguros, bonificaciones, etc. Una revisión y posterior comparativa nos permitirá ver la evolución y los motivos de nuestros costes, permitiendo ver donde se producen las variaciones y las causas.

Gastos financieros, créditos cliente y cobros

La política más adecuada es:

"Alargar lo máximo el periodo de los pagos y reducir al máximo los cobros"

Cuando se produce una venta a crédito, estamos financiando a nuestro cliente. Este nos da un documento de pago (compromiso), por el cual realizará el pago en un plazo determinado. Como normalmente las empresas necesitan liquidez para poder afrontar sus pagos, negociará con el banco el documento de pago (crédito) cargándole unas tasas (gastos financieros). A mayor vencimiento, mayores tasas, con lo cual, siempre hay que tratar de negociar la reducción al máximo los tiempo de cobro, inclusive ofrecer descuentos pronto pago (inferiores o iguales a las tasas bancarias).

Cobrar, en muchos casos, también representa un gasto. Si los clientes nos pagan con cheques de otras entidades, suponen gastos financieros. Realizar recibos conlleva tasas, que aumentan en el caso de devolución de los mismos. El cobro mediante tarjeta (PTV) conlleva también gastos financieros, etc.

Gastos Fijos

Los Gastos Fijos son aquellos gastos que se producen aunque el negocio este cerrado. Por ejemplo: El alquiler del local, las depreciaciones, los intereses bancarios de los préstamos, los seguros, etc. Dependiendo de la política de costes, se imputan también salarios, dependerá si pertenecen o no a la estructura fija de la empresa. Por ejemplo: Un administrativo que este en la oficina, es más lógico imputar su salario como gasto fijo, en cambio un trabajador dedicado en exclusividad al mantenimiento de una máquina, será considerado gasto variable de la producción de ese determinado producto.

Al ser unos gastos continuos, es decir, se paga lo mismo mensualmente, debe intentar siempre buscar los mejores precios posibles, cambiar de proveedor y retrasar los pagos.

Gastos Variables

Son los gastos que se producen por cada unidad producida, es decir, aumentan a medida que la producción aumenta.

Pueden comprender los salarios, gastos de publicidad, suministros, teléfonos, etc.

Hay que ser muy cuidadoso a la hora de analizar los gastos variables cuyo valor se puede determinar en relación con la creación de ventas o aumentando los márgenes.

CAPÍTULO 14
MINIMIZAR LOS GASTOS

Llegado el momento, si ha tratado de reducir por todos los medios los gastos de su empresa, solo queda hacerlos más eficientes, es decir, si no se pueden reducir, tratemos que nos ofrezcan más.

POLÍTICA DE CRÉDITOS

¿Envía sus facturas demasiado pronto?

Acumular facturas es lo más aconsejable en clientes habituales, ya que por un lado, suelen pagar las facturas a la vez unificadas en mensualidades y por el otro, obtendremos un ahorro en envíos y tiempo.

¿Informa claramente sobre los plazos y políticas de cobro?

Una información clara nos permitirá obtener los documentos de pago antes y mejorar los tiempos de cobro.

¿Tiene una buena gestión de cobros?
Analizar, clasificar y realizar un seguimiento a los clientes en materia de cobros, le dará buena imagen y mejorara su liquidez.

¿Tiene implantado la figura del credit-manager?

No se puede vender a crédito a todo el mundo y si se hace, no por igual. El credit-manager permite analizar la capacidad de riesgo del cliente para poder minimizar los riesgos. A un cliente con sospechas de impagos no se puede ofrecer el mismo crédito que a otro con intachables referencias.

PAGOS EN EFECTIVO

¿Paga solo cuando llega el vencimiento?

Si se puede, debemos negociar la posibilidad de obtener descuentos por pronto pago. Mejoraremos nuestra imagen y obtendremos un mayor beneficio.

¿Aprovecha al máximo los descuentos de los proveedores?

Es un error común comprar excesivamente para obtener un descuento mayor, pero si es aconsejable tener claro cuáles son las políticas de descuento de nuestros proveedores para poder hacer uso de ellos cuando tengamos la ocasión.

¿Ha intentado retrasar los pagos?
Recuerde que cuanto mayor retrase los pagos mejor. Negociar con los proveedores nos permitirá retrasar los pagos y obtener financiación.

GASTOS DE PERSONAL

Antes de contratar, ¿Ha evaluado la subcontratación?

El contratar a personal, equivale a un gran gasto por parte de la empresa, no solo por la Seguridad Social, sino además, la inseguridad que representa la variabilidad del negocio y el despido. En cambio, la subcontratación, nos permite controlar el gasto y presupuestos más aproximados.

¿Realiza el pago de nóminas el mismo día?

Para poder controlar los flujos de efectivo, es recomendable realizar los pagos de las nóminas el mismo día, ya que permitirá hacer una mejor planificación y obtención de efectivo suficiente.

¿Ha reflexionado sobre la correcta contratación de sus empleados?

Hay muchos tipos de contrato para cubrir diferentes necesidades. Puede que necesite un contrato de duración determinada en vez de uno fijo o la contratación de un autónomo dependiente, o fijos discontinuos si tiene periodos de estacionalidad permanentes.

¿Controla los horarios y tiempos muertos?

No hay que olvidar que usted contrata para que realicen una determinada tarea. El hecho de permitir en exceso pérdidas de tiempo o descontrol en las entradas y salidas, es un aumento de gasto, ya que con el mismo coste se produce menos.

CONTROL DEL STOCK

¿Ha estudiado la necesidad de seguridad o cámaras?

No es correcto pensar que el ahorro en seguridad o seguros para las mercancías, nos permitirá reducir los costes de la empresa. Por un lado, si se produce un robo, se perderá una cantidad de activo, trasladado evidentemente a pérdidas para la empresa. Tomar medidas de seguridad es lo adecuado para proteger su negocio y sus activos.

¿Los empleados tienen la formación adecuada?

Tanto por la normativa en seguridad y prevención de riesgos laborales como en costes para la empresa, es adecuado que los trabajadores de un almacén, tengan el conocimiento obligatorio y necesario para llevar a cabo su trabajo. Un buen almacenamiento de las mercancías lleva consigo un aumento de la eficiencia del almacén, aumentos el beneficio y reduciendo los costes.

¿Calcula el coste y rotación de Stock?

Cuanto mayor tiempo permanezca un producto en el almacén, más caro es. Una buena gestión del coste nos permitirá saber, como almacenar, que productos comprar, etc.

La rotación de stock, recordemos que mide el número de veces que sale la mercancía del almacén en un periodo de tiempo. Este ratio nos ayuda a la reducción de costes mediante la reducción de inventario.

¿Tiene en el almacén lo necesario?

Recordemos que es un error habitual, comprar más de lo debido por descuentos. La política de reducir lo máximo posible el inventario, permite un ahorro considerable en el coste. No hay que olvidar que dependiendo del tipo de negocio, es necesario un mayor o menor stock de seguridad, para poder garantizar la continuidad de la producción o servicio, pese a la falta de mercancías.

PRODUCCIÓN (MANUFACTURACIÓN)

¿Obtiene ofertas competitivas de sus subcontratas?

Hay que tener como mínimo 3 presupuestos para obtener el servicio deseado con el menor coste posible, ya que la habitualidad de contratar siempre una misma subcontrata puede hacer que no respondan en precio.

¿Hace contratos con proveedores minoritarios?

Lo pequeño y lo familiar no siempre es bueno. Los proveedores grandes tienen mejores economías de escala y ofrecen presupuestos mejor, sin que el trato sea inferior.

¿Tiene implantado un departamento de calidad?

Dentro de cada segmento del mercado (de baja calidad, media o alta), es mejor defender el producto como el que mantiene la mejor calidad-precio, sin olvidar, que es más caro fabricar dos veces que mejorar los estándares de calidad.

MARKETING (VENTAS)

¿Su publicidad va dirigida a todo el mundo?

No por ello va a ser más efectiva, sino todo lo contrario. Los productos pueden ser más o menos universales, pero casi todos van dirigidos a un segmento del mercado. Debe identificar hacia dónde y así poder dirigir sus anuncios a ese determinado sector, volviéndolos más eficientes.

¿Tiene clara su política postventa?

La diferenciación entre muchas empresas radica precisamente en la política postventa. ¿Cuál es el procedimiento de devolución? ¿Cuáles son los tiempos de reparación? etc.

¿Cuál es su política de descuentos?

Lo primero que tiene que tener claro es lo siguiente, ¿Es necesario que mis productos lleven descuento? ¿Qué resultados espero de ellos? ¿Cómo medir la campaña? Recordemos que una campaña de descuentos si su respectivo aumento en ventas conlleva una reducción del beneficio.

¿Cómo definen mis clientes la atención al público?

Cada vez somos más exigentes y el respeto y educación es un valor añadido que pondera con mucho peso. Las guerras de precios hacen que más o menos las empresas del mismo sector y producto similar estén por el mismo precio de venta; una diferenciación en la actitud del vendedor puede marcar la diferencia. Puede que un buen vendedor tenga un coste más caro, pero aumenta las posibilidades de compra.

POR ÚLTIMO

Muchas preguntas son las que hay que hacerse dependiendo del tipo de negocio, sector, productos, temporalidad de la empresa, etc.

El mejor consejo es, hacer lo más eficiente los gastos y obtener la mayor rentabilidad con el capital de la empresa, ya sea invirtiendo el exceso de efectivo, reduciendo gastos y costes, vendiendo capital fijo no necesario, etc.

CAPÍTULO 15
ANÁLISIS HORIZONTAL Y VERTICAL

Al principio del libro hemos visto lo que es un Balance y la Cuenta de Pérdidas y Ganancias, además los ratios, de que nos dan una mayor información sobre el estado de la empresa.

El Análisis Vertical y Horizontal son dos herramientas que nos permiten determinar el peso proporcional (%) que tienen las cuentas en el Balance de situación, permitiéndonos observar la evolución que tienen.

ANÁLISIS VERTICAL

Veamos un ejemplo sencillo, solamente con el Activo:

Año 2010

ACTIVO	Importes	%
Cajas y Bancos	10.000,00 €	15,95%
Clientes	3.500,00 €	5,58%
Otras cuentas por cobrar	1.000,00 €	1,59%
Inventarios	12.500,00 €	19,94%
Gastos pagado por Anticipado	1.200,00 €	1,91%
Total Activo Corriente	**28.200,00 €**	**44,98%**
Activo Fijo	25.000,00 €	39,87%
Depreciación	- 2.500,00 €	-3,99%
Activo Fijo Neto	12.000,00 €	19,14%
Total Activo No Corriente	**34.500,00 €**	**55,02%**
TOTAL ACTIVO	**62.700,00 €**	**100%**

En el Análisis Vertical, vemos el peso que tiene cada partida o cuenta, respecto al resto. Esto nos permite determinar si la empresa tiene una distribución adecuada según sus necesidades operativas y financieras. Hay que tener en cuenta que dependiendo del sector, tamaño, etc. Los pesos de las cuentas varían, adaptándose a las situaciones.

A través del análisis vertical estudiamos las diferentes ponderaciones que tienen las masas patrimoniales dentro del activo y del pasivo y neto patrimonial, por lo tanto podemos analizar la estructura del activo (estructura económica), la estructura del pasivo y del neto patrimonial (estructura financiera) y también el equilibrio patrimonial que se da entre las masas de ambos grupos.

Hagamos un Análisis Vertical de una gran empresa (Real):

ANTENA $ DE TELEVISIÓN, S.A. ACTIVO	2009 m.e.	%	2008 m.e.	%	(09/08)x100 Base = 08
A) ACTIVO NO CORRIENTE	**461.347**	54,84	**464.924**	53,00	99,23
I. Inmovilizado intangible	**4.696**	0,56	**2.135**	0,24	219,95
5. Aplicaciones informáticas	4.696	0,56	2.135	0,24	219,95
II. Inmovilizado material	**46.166**	5,49	**55.592**	6,34	83,04
1. Terrenos y Construcciones	31.193	3,71	33.091	3,77	94,26
2. Instalaciones técnicas y otros inmovilizados materiales	14.485	1,72	20.501	2,34	70,66
3. Inmovilizados en curso	488	0,06	2.000	0,23	24,40
IV. Inversiones en empresas del grupo y asociadas a largo plazo	**371.649**	44,18	**358.739**	40,90	103,60
1. Instrumentos del patrimonio	15.037	1,79	21.342	2,43	70,46
2. Créditos a empresas	356.612	42,39	337.397	38,47	105,70
V. Inversiones financieras a largo plazo	**183**	0,02	**427**	0,05	42,86
5. Otros activos financieros	183	0,02	427	0,05	42,86
VI. Activos por impuestos diferidos	**38.653**	4,59	**48.031**	5,48	80,48
B) ACTIVO CORRIENTE	**379.930**	45,16	**412.224**	47,00	92,17
I. Activos no corrientes mantenidos para la venta	**0**	0,00	**6.794**	0,77	0,00
II. Existencias	**184.160**	21,89	**216.444**	24,68	85,08
1. Derechos de programas	156.281	18,58	192.593	21,96	81,15
2. Material consumible	2.385	0,28	2.788	0,32	85,55
6. Adelantos a proveedores	25.494	3,03	21.063	2,40	121,04
III. Deudores comerciales y otras cuentas por cobrar	**160.499**	19,08	**149.812**	17,08	107,13
1. Clientes por ventas y prestaciones de servicio	147.557	17,54	138.843	15,83	106,28
2. Clientes, empresas asociadas del grupo	7.125	0,85	3.271	0,37	217,82
3. Deudores diversos	1.791	0,21	2.808	0,32	63,78
4. Personal	201	0,02	466	0,05	43,13
5. Activos por impuestos corrientes	3.825	0,45	4.424	0,50	86,46
IV. Inversiones en empresas del grupo y asociadas a corto plazo	**32.726**	3,89	**35.555**	4,05	92,04
2. Créditos a empresas	32.726	3,89	35.555	4,05	92,04
V. Inversiones financieras a corto plazo	**324**	0,04	**1.923**	0,22	16,85
4. Derivados	290	0,03	490	0,06	59,18
5. Otros activos financieros	34	0,00	1.433	0,16	2,37
VI. Periodificaciones a corto plazo	**147**	0,02	-	0,00	0,00
VII. Efectivo y otros activos líquidos equivalentes	**2.074**	0,25	**1.696**	0,19	122,29
1. Tesorería	2.074	0,25	1.696	0,19	122,29
TOTAL ACTIVO (A + B)	**841.277**	100,00	**877.148**	100,00	95,91

ANTENA $ DE TELEVISIÓN, S.A. PATRIMONIO NETO Y PASIVO	2009 m.e.	%	2008 m.e.	%	(09/08)x100 Base = 08
A) PATRIMONIO NETO	**247.186**	29,38	**245.039**	27,94	100,88
A-1) Fondos propios	**246.513**	29,30	**249.786**	28,48	98,69

I. Capital	158.335	18,82	158.335	18,05	100,00
1. Capital escriturado	158.335	18,82	158.335	18,05	100,00
III. Reservas	140.955	16,75	140.955	16,07	100,00
1. Legal i estatutarias	40.281	4,79	40.281	4,59	100,00
2. Otras reservas	100.674	11,97	100.674	11,48	100,00
IV. (Acciones y participaciones en el patrimonio propio)	-78.650	-9,35	-67.692	-7,72	116,19
V. Resultados de ejercicios anteriores	-5.911	-0,70	-7.534	-0,86	78,46
VII. Resultado del ejercicio	47.829	5,69	91.940	10,48	52,02
VIII. (Dividendos a cuenta)	-16.045	-1,91	-66.219	-7,55	24,23
A-2) AJUSTES POR CAMBIO DE VALOR	673	0,08	-4.746	-0,54	-14,18
II. Operaciones de cobertura	673	0,08	-4.746	-0,54	-14,18
B) PASIVO NO CORRIENTE	**14.643**	**1,74**	**21.857**	**2,49**	**66,99**
II. Deudas a largo plazo	14.643	1,74	21.857	2,49	66,99
2. Deudas con entidades de crédito	12.766	1,52	18.999	2,17	67,19
4. Derivados	159	0,02	65	0,01	244,62
5. Otros pasivos financieros	1.718	0,20	2.793	0,32	61,51
C) PASIVO CORRIENTE	**579.448**	**68,88**	**610.252**	**69,57**	**94,95**
II. Provisiones a corto plazo	84.679	10,07	81.077	9,24	104,44
III. Deudas a corto plazo	168.446	20,02	189.534	21,61	88,87
2. Deudas con entidades de crédito	167.467	19,91	122.559	13,97	136,64
4. Derivados financieros	979	0,12	66.975	7,64	1,46
IV. Deudas con empresas del grupo y asociadas a corto plazo	119.831	14,24	113.801	12,97	105,30
V. Créditos comerciales y otras cuentas por pagar	205.891	24,47	225.458	25,70	91,32
1. Proveedores	169.057	20,10	159.171	18,15	106,21
2. Proveedores, empresas del grupo asociadas	18.671	2,22	10.841	1,24	172,23
3. Créditos diversos	155	0,02	37.674	4,30	0,41
4. Personal	9.639	1,15	11.971	1,36	80,52
6. Otras deudas con las Administraciones Publicas	6.947	0,83	5.329	0,61	130,36
7. Cuentas de clientes	1.422	0,17	472	0,05	301,27
VI. Periodificaciones a corto plazo	601	0,07	382	0,04	157,33
TOTAL PATRIMONIO NETO Y PASIVO (A + B + C)	**841.277**	**100,00**	**877.148**	**100,00**	**95,91**

¿Qué observamos?

A) Estructura económica

En primer lugar podemos destacar que hay una estabilidad durante los dos años entre el activo no corriente y el activo corriente, las dos partidas ponderan casi por igual aunque el activo no corriente pondera algo más y en el año 2009 ha pasado del 53% del año 2008 al 54,84%. El motivo de esta mayor ponderación del activo no corriente está en la partida de créditos a empresas del grupo a largo plazo que en el año 2009 ponderaba un 42,39% y en 2008 un 38,47%, de las empresas del grupo estos préstamos están concedidos principalmente a la empresa PUBLICIDAD $, SAU y en mucha menor cuantía ANTENA $ FILMS, SLU.

Dentro del activo corriente vemos que el grupo que más pondera es el de existencias, debido sobre todo a la partida de derechos de programas, aunque esta ponderación se ha reducido algo en 2009 respecto a 2008 (en 2008 los derechos de programas ponderaban un 21,96% y en 2009 un 18,58%). Seguramente la situación de crisis actual desaconseja tener menos derechos de programas en existencias para reducir riesgos. Dentro de los derechos de programa los que más ponderan son los derechos de programas de producción ajena y en menor cuantía derechos sobre programas de producción propia, y por último los derechos sobre retransmisiones deportivas. La segunda partida que más pondera dentro del activo corriente son los deudores comerciales, que ha incrementado su ponderación pasando en 2008 del 17,08% al 19,08% en 2009, también la situación de crisis puede explicar que la cuenta de deudores comerciales incremente su ponderación ya que los clientes ahora tardan más tiempo en pagar.

También destacar la poca ponderación que tiene la partida de tesorería, lo que puede ocasionar problemas de liquidez y solvencia a la empresa, si bien aumenta algo su ponderación en 2009 respecto a 2008 la ponderación es muy baja.

B) Estructura financiera

En primer lugar tenemos que comentar que la estructura entre patrimonio neto, pasivo no corriente y pasivo corriente se ha mantenido bastante estable entre los años 2008 y 2009, con unos recursos propios que ponderan casi un 30%, un pasivo no corriente que pondera entorno a un 2% y un pasivo corriente que pondera cerca de un 69%.

El segundo hecho remarcable es la gran ponderación que tiene dentro de la estructura financiera el pasivo corriente, cerca del 70%, esta proporción tan alta hace que el riesgo, de que la empresa no pueda hacer frente a sus obligaciones a corto plazo sea elevado. También destacar la poca ponderación que tiene el pasivo no corriente, muy poco significativa, que hace que los recursos permanentes de la empresa no sean tan elevados.

Otro hecho a destacar es que la ponderación de los recursos propios no llega al 30%, esto nos indica que la empresa está bastante endeudada, si a eso unimos el hecho de que esa deuda es en gran parte deuda a corto plazo, hace que la calidad de la deuda no sea buena, más bien bastante mala.

C) Equilibrio Patrimonial

Tenemos que el activo corriente pondera mucho menos que el pasivo corriente, esto nos está provocando un desequilibrio patrimonial ya que la empresa tiene problemas para poder hacer frente a sus deudas en el corto plazo, seguramente esta situación le ha de generar problemas de liquidez en una primera fase pare luego crearle problemas de solvencia.

El activo no corriente no está financiado en su totalidad con recursos permanentes, sino que hay una parte que se financia con pasivos corrientes, con lo que aquí tenemos otro desequilibrio patrimonial ya que no es correcto financiar parte del activo fijo con deudas a corto plazo.

Hay muy poca ponderación por parte del efectivo, lo que agudiza los problemas o tensiones de liquidez que tiene la empresa.

Si analizamos el fondo de maniobra con profundidad tenemos en primer lugar el siguiente cuadro:

ANÀLISIS DEL FONDO DE MANIOBRA				
COMPOSICIÓN DEL ACTIVO CORRIENTE	2009	%	2008	%
Existencias	184.160,00	21,89	216.444,00	24,68
Realizable	160.499,00	19,08	149.812,00	17,08
Disponible	2.074,00	0,25	1.696,00	0,19
ACTIVO CORRIENTE	379.930,00		412.224,00	
PASIVO CORRIENTE	579.448,00		610.252,00	
FONDO DE MANIOBRA	-199.518,00		-198.028,00	

Del cuadro este se desprende que las partidas que más ponderan dentro del activo corriente son las menos liquidas como son las existencias, y luego el realizable, y también la baja ponderación que tiene el disponible. También el fondo de maniobra negativo nos está indicando problemas de liquidez por parte de la empresa tanto para el año 2009 como 2008.

ANÁLISIS HORIZONTAL

Sigamos con el ejemplo anterior:

	Año 2010		Año 2011		
ACTIVO	**Importes**	**%**	**Importes**	**%**	**H**
Cajas y Bancos	10.000,00 €	15,95%	11.000,00 €	17,54%	90,91
Clientes	3.500,00 €	5,58%	3.500,00 €	5,58%	100,00
Otras cuentas por cobrar	1.000,00 €	1,59%	1.200,00 €	1,91%	83,33
Inventarios	12.500,00 €	19,94%	12.500,00 €	19,94%	100,00
Gastos pagado por Anticipado	1.200,00 €	1,91%	1.200,00 €	1,91%	100,00
Total Activo Corriente	**28.200,00 €**	**44,98%**	**29.400,00 €**	**46,89%**	95,92
Activo Fijo	25.000,00 €	39,87%	25.000,00 €	39,87%	100,00
Depreciación	- 2.500,00 €	-3,99%	3.000,00 €	4,78%	-83,33
Activo Fijo Neto	12.000,00 €	19,14%	11.000,00 €	17,54%	109,09
Total Activo No Corriente	**34.500,00 €**	**55,02%**	**39.000,00 €**	**62,20%**	88,46
TOTAL ACTIVO	**62.700,00 €**	**100%**	**68.400,00 €**	**100%**	100,00

El Análisis Horizontal nos indica cual ha sido la variación del peso de las diferentes cuentas del Balance de Situación, de un periodo a otro, mostrándonos el crecimiento o decrecimiento de las cuentas.

Hagamos ahora el análisis horizontal:

ANTENA $ DE TELEVISIÓN, S.A. ACTIVO	2009 m.e.	%	2008 m.e.	%	(09/08)x100 Base = 08
A) ACTIVO NO CORRIENTE	**461.347**	54,84	**464.924**	53,00	99,23
I. Inmovilizado intangible	**4.696**	0,56	**2.135**	0,24	219,95
5. Aplicaciones informáticas	4.696	0,56	2.135	0,24	219,95
II. Inmovilizado material	**46.166**	5,49	**55.592**	6,34	83,04
1. Terrenos y Construcciones	31.193	3,71	33.091	3,77	94,26
2. Instalaciones técnicas y otros inmovilizados materiales	14.485	1,72	20.501	2,34	70,66
3. Inmovilizados en curso	488	0,06	2.000	0,23	24,40
IV. Inversiones en empresas del grupo y asociadas a largo plazo	**371.649**	44,18	**358.739**	40,90	103,60
1. Instrumentos del patrimonio	15.037	1,79	21.342	2,43	70,46
2. Créditos a empresas	356.612	42,39	337.397	38,47	105,70
V. Inversiones financieras a largo plazo	**183**	0,02	**427**	0,05	42,86
5. Otros activos financieros	183	0,02	427	0,05	42,86
VI. Activos por impuestos diferidos	**38.653**	4,59	**48.031**	5,48	80,48
B) ACTIVO CORRIENTE	**379.930**	45,16	**412.224**	47,00	92,17
I. Activos no corrientes mantenidos para la venta	0	0,00	6.794	0,77	0,00
II. Existencias	**184.160**	21,89	**216.444**	24,68	85,08
1. Derechos de programas	156.281	18,58	192.593	21,96	81,15
2. Material consumible	2.385	0,28	2.788	0,32	85,55
6. Adelantos a proveedores	25.494	3,03	21.063	2,40	121,04
III. Deudores comerciales y otras cuentas por cobrar	**160.499**	19,08	**149.812**	17,08	107,13
1. Clientes por ventas y prestaciones de servicio	147.557	17,54	138.843	15,83	106,28
2. Clientes, empresas asociadas del grupo	7.125	0,85	3.271	0,37	217,82
3. Deudores diversos	1.791	0,21	2.808	0,32	63,78
4. Personal	201	0,02	466	0,05	43,13
5. Activos por impuestos corrientes	3.825	0,45	4.424	0,50	86,46
IV. Inversiones en empresas del grupo y asociadas a corto plazo	**32.726**	3,89	**35.555**	4,05	92,04
2. Créditos a empresas	32.726	3,89	35.555	4,05	92,04
V. Inversiones financieras a corto plazo	**324**	0,04	**1.923**	0,22	16,85
4. Derivados	290	0,03	490	0,06	59,18
5. Otros activos financieros	34	0,00	1.433	0,16	2,37
VI. Periodificaciones a corto plazo	**147**	0,02	-	0,00	0,00
VII. Efectivo y otros activos líquidos equivalentes	**2.074**	0,25	**1.696**	0,19	122,29
1. Tesorería	2.074	0,25	1.696	0,19	122,29
TOTAL ACTIVO (A + B)	**841.277**	100,00	**877.148**	100,00	95,91

¿Qué observamos?

A) Activo no corriente

Vemos que el activo no corriente se ha reducido en el 2009 respecto al 2008 en un 0,77%, si bien la evolución de las masas patrimoniales que lo componen ha sido dispar. Los créditos a empresas del grupo han subido un 5,70%, en cambio el inmovilizado material se ha reducido un 16,94%. Este comportamiento seguramente se debe a la situación de crisis, y la empresa está reduciendo su inmovilizado material para adaptarse a un entorno más complicado y por tanto no conviene que el inmovilizado material aumente.

B) Activo corriente

El activo corriente se ha reducido un 7,83% en el 2009 respecto a 2008. Las existencias se han reducido un 14,92% y en cambio los deudores comerciales han subido un 7,13%, este hecho confirma las conclusiones obtenidas en el análisis horizontal donde por la situación de crisis la empresa ha tenido que reducir su volumen de existencias y por contra el nivel de clientes ha aumentado. La partida de tesorería si bien ha aumentado un 22,29% en 2009 este aumento no es muy significativo ya que esta partida tiene poca ponderación.

C) Patrimonio neto

Ha aumentado ligeramente en 2009 respecto a 2008, concretamente un 0,88%, esta evolución tan plana se ha debido a una reducción muy notable del resultado del ejercicio y al aumento de las acciones propias (por acuerdo de la junta general de accionistas se autoriza a que se pueda poseer hasta el 5% de autocartera, cifra con la que acaba finales de 2009), que ha sido compensado por la mejora en las operaciones de cobertura.

D) Pasivo no corriente

Se ha reducido en 2009 casi un 33% fruto de la reducción de las deudas con entidades de crédito a largo plazo.

E) Pasivo corriente

Se ha reducido en un 5,05% en el año 2009 respecto al 2008. Tenemos que las provisiones a corto plazo han aumentado un 4,44%, que las deudas con entidades de crédito a corto plazo han aumentado un 36,64%, que los derivados financieros prácticamente se han quedado nulos, que las deudas con empresas del grupo han aumentado un 5,30% y que los acreedores comerciales se han reducido cerca de un 9% motivado por la reducción de los créditos diversos. Tenemos que la evolución de los créditos diversos y de los derivados financieros es lo que ha provocado la reducción del pasivo corriente.

Conclusiones del Análisis Vertical y Horizontal

La empresa tiene serios problemas de liquidez porque además de tener un fondo de maniobra negativo, lo que dificulta que pueda hacer frente a sus deudas a corto plazo, tiene también desequilibrios a largo plazo ya que está financiando activo no corriente con deuda a corto plazo. También la empresa está muy endeudada, y además este endeudamiento es en su mayor parte endeudamiento a corto plazo, lo que nos confirma el hecho de que tanto en el corto como en el largo plazo la empresa tiene serios problemas de liquidez, problemas agudizados por el nivel tan bajo de tesorería que tiene la empresa.

CAPÍTULO 16
FLUJOS DE EFECTIVO

El flujo de efectivo se define técnicamente como, *"el estado financiero básico que muestra el efectivo generado y utilizado en las actividades de operación, inversión y financiación. Para el efecto debe determinarse el cambio en las diferentes partidas del balance general que inciden en el efectivo".*

Básicamente, el flujo de efectivo nos permite determinar tres cosas:

- La primera es la capacidad que tiene la empresa de generar efectivo (líquido).

- La segunda es, si la empresa es capaz de cumplir con sus obligaciones y proyectos de inversión y/o expansión (estrategia de negocio).

- Por último, nos permite estudiar y analizar las partidas que maximizan o minimizan la creación de efectivo.

Esta información ayuda a los responsables a tomar decisiones sobre las políticas y estrategias de la empresa, las cuales necesitan para su realización recursos en efectivo.

Veamos un ejemplo:

	Enero
Ingresos	25.000 €
Total Cobros	**25.000 €**
Pagos	**19.565,00 €**
Compras	6.500,00 €
Alquiler local	450,00 €
Suministros (agua, luz, gas,…)	325,00 €
Variación existencias	90,00 €
Servicios externos	
Tributos	1.200,00 €
Costes de personal	4.500,00 €
Costes financieros	1.200,00 €
Amortizaciones	200,00 €
Provisiones 1%	250,00 €
Transporte	600,00 €
Seguros	350,00 €
Gastos diversos	1.500,00 €
Cuota de Crédito	1.500,00 €
Seguridad Social	900,00 €
Total Pagos	**19.565,00 €**
Saldo Mes	**5.435,00 €**
Saldo Anterior	
Saldo Acumulado	**5.435,00 €**

El primer paso es indicar en un cuadro como el anterior, los ingresos obtenidos mensualmente (dependerá del tipo de análisis que queramos hacer), y clasificar en partidas los gastos que se generen, de esta podremos controlar que partidas afectan en mayor o menor medida a la generación de efectivo.

Vemos que en el mes de enero se ha generado un beneficio total de 5.535,00€. En el siguiente paso, extenderemos este mismo ejemplo hasta Marzo.

	Enero	Febrero	Marzo
Ingresos	25.000 €	25.000 €	25.000 €
Total Cobros	**25.000 €**	**25.000 €**	**25.000 €**
Pagos	**19.565,00 €**	**19.565,00 €**	**19.565,00 €**
Compras	6.500,00 €	6.500,00 €	6.500,00 €
Alquiler local	450,00 €	450,00 €	450,00 €
Suministros (agua, luz, gas,...)	325,00 €	325,00 €	325,00 €
Variación existencias	90,00 €	90,00 €	90,00 €
Servicios externos			
Tributos	1.200,00 €	1.200,00 €	1.200,00 €
Costes de personal	4.500,00 €	4.500,00 €	4.500,00 €
Costes financieros	1.200,00 €	1.200,00 €	1.200,00 €
Amortizaciones	200,00 €	200,00 €	200,00 €
Provisiones 1%	250,00 €	250,00 €	250,00 €
Transporte	600,00 €	600,00 €	600,00 €
Seguros	350,00 €	350,00 €	350,00 €
Gastos diversos	1.500,00 €	1.500,00 €	1.500,00 €
Cuota de Crédito	1.500,00 €	1.500,00 €	1.500,00 €
Seguridad Social	900,00 €	900,00 €	900,00 €
Total Pagos	**19.565,00 €**	**19.565,00 €**	**19.565,00 €**
Saldo Mes	**5.435,00 €**	**5.435,00 €**	**5.435,00 €**
Saldo Anterior			
Saldo Acumulado	5.435,00 €	10.870,00 €	16.305,00 €

Se produce exactamente los mismos ingresos y gastos mes tras mes. En este ejemplo debemos fijarnos en el Saldo Acumulado, ya que nos permite saber con precisión la cantidad de efectivo disponible para efectuar inversiones y demás.

Veamos ahora lo que sucedería en el caso que algún mes se produjera pérdidas.

	Enero	Febrero	Marzo
Ingresos	25.000 €	10.000 €	25.000 €
Total Cobros	**25.000 €**	**10.000 €**	**25.000 €**
Pagos	**19.565,00 €**	**19.565,00 €**	**19.565,00 €**
Compras	6.500,00 €	6.500,00 €	6.500,00 €
Alquiler local	450,00 €	450,00 €	450,00 €
Suministros (agua, luz, gas,…)	325,00 €	325,00 €	325,00 €
Variación existencias	90,00 €	90,00 €	90,00 €
Servicios externos			
Tributos	1.200,00 €	1.200,00 €	1.200,00 €
Costes de personal	4.500,00 €	4.500,00 €	4.500,00 €
Costes financieros	1.200,00 €	1.200,00 €	1.200,00 €
Amortizaciones	200,00 €	200,00 €	200,00 €
Provisiones 1%	250,00 €	250,00 €	250,00 €
Transporte	600,00 €	600,00 €	600,00 €
Seguros	350,00 €	350,00 €	350,00 €
Gastos diversos	1.500,00 €	1.500,00 €	1.500,00 €
Cuota de Crédito	1.500,00 €	1.500,00 €	1.500,00 €
Seguridad Social	900,00 €	900,00 €	900,00 €
Total Pagos	**19.565,00 €**	**19.565,00 €**	**19.565,00 €**
Saldo Mes	5.435,00 €	- 9.565,00 €	5.435,00 €
Saldo Anterior			
Saldo Acumulado	5.435,00 €	- 4.130,00 €	1.305,00 €

En enero se genera 5.435,00€, en cambio en febrero, unas pérdidas de 9.565,00€. El Saldo acumulado nos refleja que como el mes anterior (enero) se produce un resultado positivo, el saldo acumulado en febrero es compensado con el beneficio del mes anterior.

¿Cómo analizamos el cuadro de flujo de efectivo?

Como se ha indicado al principio del tema, este cuadro nos permite determinar:

- **Capacidad de generar efectivo.** Observamos que se produce una generación positiva de efectivo tanto en enero como en marzo, pero debido a un pico negativo de gran tamaño en febrero, marzo acumula un leve saldo positivo.

- **Capacidad de cumplir con las obligaciones.** Hay que destacar febrero, posiblemente un mes en él se haya tenido que retrasar pagos, negociar con proveedores y acreedores y/o solicitar financiación externa.

- **Estudiar las diferentes partidas.** Todas las partidas han sido iguales a excepción de las ventas en febrero. La empresa de enfatizar en descubrir porque motivo se ha producido este descenso.

CAPÍTULO 17
CLASIFICACIÓN DE LAS CUENTAS POR COBRAR

¿Qué son las cuentas por cobrar?

Las cuentas por cobrar, representan los derechos exigibles originados por ventas y servicios a cargo de los clientes y otros deudores, es decir, son las ventas realizadas que no se han cobrado (clientes a crédito). Estas cuentas representan el total del crédito extendido por la empresa hacia sus clientes, representando cuentas no pagadas adeudas a la empresa.

Cuentas a cobrar = 120.000,00€

Esta información, que nos la da el propio Balance de Situación, es muy escasa, siendo necesario analizarla con más detenimiento para poder responder a las siguientes preguntas.

¿Cuánto importe de las deudas vence a corto plazo? ¿Cuánto a largo plazo? ¿Qué clientes les vence la deuda este mes? ¿Qué probabilidades tengo de cobro?, etc.

Para poder dar una respuesta adecuada a estas y otras preguntas, los responsables financieros deben de clasificar la cuenta de clientes. Hay muchos métodos de clasificación, que dependerá del tipo de empresa, pero los más habituales son:

a) Clasificación por Vencimiento
b) Clasificación de Clientes
c) Clasificación de Impagos

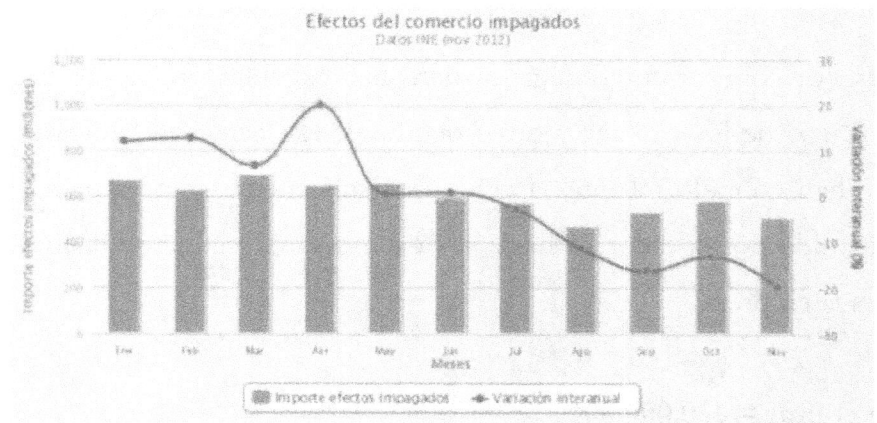

A) Clasificación por Vencimiento

Una primera clasificación nos permite dividir la masa, el volumen total del montante a crédito perteneciente a los clientes, en dos grandes grupos:

- **A corto plazo**. Aquellas cuya disponibilidad es inmediata dentro de un plazo no mayor a un año. Deben estar anotadas en el Balance como Activos Corrientes.

- **A largo plazo**. Aquellas cuya disponibilidad sea mayor a 1 año. Deben estar anotadas en el Activo No Corriente.

Cuentas a cobrar = 120.000,00€

A largo Plazo	A corto Plazo
20.000,00 €	100.000,00 €
16,67%	83,33%

La segunda clasificación, nos permite con acierto, saber cuándo vence la deuda de nuestros clientes, clasificándola por vencimiento según nos interese.

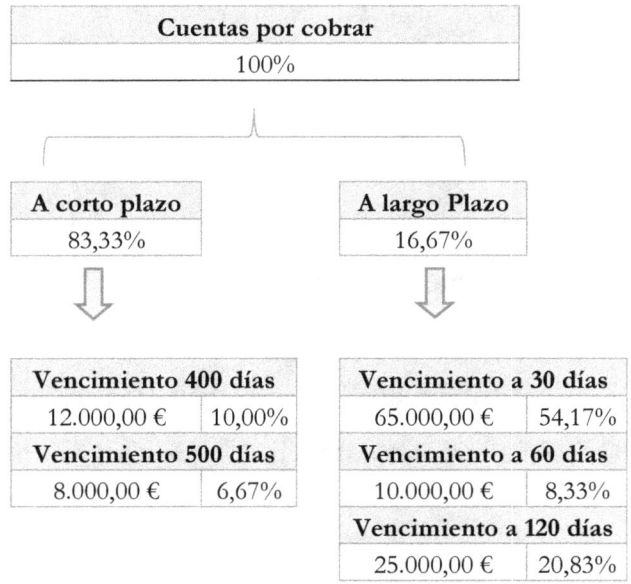

La clasificación por vencimiento nos permite ver las diferentes ponderaciones de los vencimientos de los cobros. En este ejemplo, observamos que el mayor crédito de clientes (54%), vence en 30 días.

¿Qué sucedería, si a pesar de saber que en menos de 30 días vence la deuda, no hemos recibido ningún documento de pago (pagarés, confirming, etc.? Esta clasificación en una de las alertas más utilizadas para la gestión de cobros.

B) Clasificación de clientes

Para esta clasificación se puede utilizar multitud de métodos, entre ellos la Clasificación por Puntuación y el análisis ABC.

Ambos, se utilizan a menudo en los departamentos de crédito y riesgo, Clientes, Proveedores, etc. (donde es necesario la superación de parámetros), permitiendo categorizar los clientes en función del interés de la empresa, para abrir líneas de crédito y establecer cantidades y vencimientos.

¿Cómo funciona la Clasificación por Puntuación? Ejemplo muy sencillo.

Lo primero que debemos hacer es crear una lista de los "ítems" apreciados por la empresa. Pongamos un ejemplo:

¿Compra a la competencia?
¿Compra mucha o poca cantidad?
¿Compra a menudo?
¿Devuelve mercancía?
¿Suele adelantar pagos?
¿Ha tenido impagos?
¿Ha tenido Retrasos?
Etc…

Según la importancia que le demos a los ítems, les asignaremos un valor ponderado (de un total del 100%).

¿Compra a la competencia?	9%
¿Compra mucha o poca cantidad?	48%
¿Compra a menudo?	34%
¿Nos devuelve mercancía?	9%

En este caso, le damos mucha importancia al volumen de compra, dándole un 48% del valor total.

Por último, ponemos una nota total y de corte. En este caso el valor máximo es 10; y la empresa entiende como válido, cualquier cliente que supere el 7, concediendo a crédito superior a 120 días si se supera la nota.

		Respuesta	Valor
¿Compra a la competencia?	9%	No	0
¿Compra mucha o poca cantidad?	48%	Si	4,8
¿Compra a menudo?	34%	Si	3,4
¿Nos devuelve mercancía?	9%	No	0
		Total	8,2

Este cliente, mediante la clasificación por puntuación, superaría los criterios para venderle a crédito a 120 días.

Recordemos que este es un ejemplo muy sencillo y que desde luego, los criterios para ofrecer crédito a las empresas van desde los análisis de riesgo (análisis cuantitativos y cualitativos), reputación, Seguros de crédito, etc.

¿Cómo funciona el Análisis ABC? Ejemplo muy sencillo.

A diferencia del anterior, solamente se usan dos criterios. En este ejemplo serán la cantidad de compras y el método de pago.

	A	B	C
A			
B			
C			

ABC Vertical

A = Compra superior a 10.000u

B = Entre 5.000 y 10.000u

C = Compra inferior a 5.000u

ABC Horizontal

A = Pago al Contado

B = Entre 30 y 60 días

C = Superior a 60 días

Si un cliente compra 3.000u y paga a 30 días, será clasificado como "**CB**".

	A	B	C
A			
B			
C		X	

C) **Clasificación de impagos**

La clasificación de impagos la realiza normalmente el departamento de cobros, permitiendo priorizar el reclamo de deuda por probabilidad de cobro.

Las reclamaciones de facturas impagadas, debe de comenzar lo antes posible, ya que el paso del tiempo disminuye las posibilidades de cobrabilidad, siendo una de las claves del éxito el actuar con la mayor brevedad posible.

Sin pagar desde	Probabilidad de Impago
30 días	9%
60 días	25%
120 días	50%
6 meses	80%

Las probabilidades de impago varían dependiendo del sector, empresa, tipo de clientes, etc. Es recomendable, elaborar el cuadro con datos reales del sector, para que con la experiencia, se pueda acercar al máximo de la realidad.

¿Por qué a medida que pasa el tiempo aumenta las probabilidades de imago?

Los motivos por los cuales el paso del tiempo hace disminuir las posibilidades de recuperación son entre otros:

- La apreciación y la valoración de los productos o servicios disminuyen progresivamente a medida que pasan las semanas.

- El moroso consolida su posición con el paso del tiempo.

- A medida que transcurre el tiempo aumenta el riesgo de insolvencia.

- El paso del tiempo favorece el olvido del acreedor.

- El paso del tiempo puede provocar la prescripción extintiva de la deuda.

Veamos un ejemplo con el cuadro anterior:

Sin pagar desde	Probabilidad de Impago	Impagados	%
30 días	9%	19.000,00 €	82,61%
60 días	25%	2.000,00 €	8,70%
120 días	50%	2.000,00 €	8,70%
6 meses	80%	- €	0,00%

Vemos que la mayor ponderación pertenece a los impagos inferiores a 30 días, un total de 19.000€. Los gestores de cobro con esta información podrán tomar medidas sobre que volumen actuarán primero.

CAPÍTULO 18
PROYECCIONES

Las proyecciones son simplemente la creación de estados financieros estimados, no reales (simulados).

¿Para qué sirven?

Estas proyecciones pueden realizarse con todo lo que se pueda comparar, un periodo con otro diferente, ya sea el Balance de Situación, la cuenta de Pérdidas y ganancias, Gastos, Flujo de Efectivo, Morosidad, etc. Son realmente importantes en el ecosistema financiero y de negocios, ya que permiten plasmar los estados deseados en el futuro y optimizar la gestión de la empresa.

Consejo:

Si la proyección trata sobre una empresa, proyecto o inversión, que no existe (pendiente de creación), se han de crear varios estados, que como mínimo contengan un estado pesimista, normal y optimista, para que nos permita tomar las medidas más adecuadas dependiendo de las diferentes situaciones o circunstancias.

En el caso que sea una empresa existente, se suele cometer el error de abusar del histórico de la empresa, es decir, si en enero del año anterior se vendió mucho más que en febrero, la proyección indica que en el futuro sucederá lo mismo; ya que esto hace que la empresa no "luche" por mejorar los resultados. Siempre hay que ser realista, pero más vale poner objetivos alcanzables que no poner ningún objetivo.

Veamos un ejemplo:

Un emprendedor necesita financiación para la creación de una empresa, y para ello la entidad bancaria le pide un business plan en el que incluya una proyección del Balance de Situación Inicial y otra al cabo de 3 años.

Estos estados no existen, ya que el emprendedor no tiene empresa, los tiene que estimar. Para ello con el capital que quiere solicitar (10.000€) crea el estado inicial.

ACTIVO	Importes
Cajas y Bancos	3.000 €
Clientes	
Otras cuentas por cobrar	
Inventarios	
Gastos pagado por Anticipado	
Total Activo Corriente	3.000 €
Activo Fijo	7.000 €
Depreciación	
Activo Fijo Neto	
Total Activo No Corriente	7.000 €
TOTAL ACTIVO	**10.000 €**

PASIVO	Importes
Pasivo Corriente	
Proveedores	
Bancos	
Empleados	
Total Pasivo Corriente	
Deudas a Largo Plazo	
Total Pasivo No Corriente	
TOTAL PASIVO	
Capital	10.000€
Utilidades Acumuladas	
Total Patrimonio	10.000€
TOTAL PASIVO + PATRIMONIO	**10.000€**

Con el capital, invierte 7.000€ en activos fijos (ordenadores, local, muebles, etc.), el resto se queda en bancos (3.000€).

En los siguientes 3 años, se estima que se produzcan una serie de ventas, compras, depreciaciones, contratación de empleados, etc. Todo ello es "estimado" entre otras herramientas con los flujos de efectivo.

ACTIVO	Importes
Cajas y Bancos	1.000 €
Clientes	25.000 €
Otras cuentas por cobrar	6.000 €
Inventarios	15.000 €
Gastos pagado por Anticipado	
Total Activo Corriente	47.000 €
Activo Fijo	14.000 €
Depreciación	1.200 €
Activo Fijo Neto	
Total Activo No Corriente	15.200 €
TOTAL ACTIVO	**62.200 €**

PASIVO	Importes
Pasivo Corriente	
Proveedores	15.000€
Bancos	15.000€
Empleados	6.200€
Total Pasivo Corriente	36.200€
Deudas a Largo Plazo	10.000€
Total Pasivo No Corriente	10.000€
TOTAL PASIVO	46.000€
Capital	10.000€
Utilidades Acumuladas	10.000€
Total Patrimonio	
TOTAL PASIVO + PATRIMONIO	**62.200€**

Queda reflejado entre otras cosas, que se mantiene el capital fijo de la empresa, un beneficio acumulado de 10.000€, un excedente de efectivo, etc.

El departamento de riesgos de la entidad financiera, tomara estos datos, junto a otros muchos, ya sean cuantitativos como cualitativos, y realizara un análisis de riesgo para ofrecer o no la financiación deseada.

Cuando las proyecciones se realizan en empresas ya existentes, partiendo de datos reales, nos permite hacer un seguimiento sobre el cumplimiento de los objetivos, calcular las desviaciones que se produzcan e ir tomando medidas correctoras que nos permitan acercarnos o conseguir los objetivos proyectados o preestablecidos.

CAPÍTULO 19
RESUMEN

Una vez leído y practicado con este libro, usted deberá ser capaz de realizar análisis financieros completos y de calidad.

Recordemos que lo primero que hemos visto ha sido el Balance de situación y la cuenta de Pérdidas y ganancias. Los documentos contables más esenciales que se generan automáticamente con la contabilidad diaria de la empresa. Estos documentos nos reflejan como una fotografía la situación de nuestro negocio, mostrándonos información importante, pero insuficiente.

Para cumplimentar la falta de información de los estados anteriores, hemos visto los ratios, que nos han permitido relacionar cuentas del balance, y como resultado, una mayor información sobre la realidad de la empresa y su evolución, teniendo una visión más global desde el punto de vista de la liquidez, actividad, endeudamiento y rentabilidad de la misma.

Terminando con el Balance, realizamos el análisis vertical y horizontal del mismo, permitiéndonos ver el peso de cada cuenta y su ponderación, pudiendo determinar la comparativa respecto a la competencia y su evolución temporal.

Para ver las capacidades de pago de la empresa, analizamos el cuadro de flujos de efectivo, pudiendo planificar la capacidad de generación de efectivo, permitiéndonos realizar estrategias de crecimiento o inversión.

Con la misma finalidad y evitar un desvió en la generación de efectivo, analizamos las cuentas a cobrar, clasificándolas y usando esta herramienta para reducir la posibilidad de impago de nuestros clientes.

Por último, unificamos todas las herramientas anteriores creando un punto comparativo entre presente y futuro con las proyecciones, permitiendo optimizar los resultados y entender y minimizar las desviaciones, creando un control de gestión adecuado.

Recuerde siempre interpretar los datos desde un punto de vista abierto y global.

"La diferencia entre el éxito y el fracaso es el conocimiento, y este lo da la experiencia."

BIBLIOGRAFÍA

AMADOR FERNANDEZ, S y ROMERO APARICIO, J., Coord. (2008): "Manual del nuevo Plan General Contable". Madrid. CEF.

MONTESINOS JULVE, V., Coord. (2009): "Introducción a la Contabilidad Financiera: Un enfoque internacional". Barcelona, Ariel.

OMEÑACA GARCÍA, J. (2008): "Contabilidad General. 11ª Edición Actualizada", Barcelona Deusto.

ORIOL AMAT.
Análisis de Estados Financieros. Gestión 2000.

SANTIAGO MARTÍNEZ ABASCAL.
Finanzas para Directivos. McGraw Hill.

PABLO FERNÁNDEZ.
Creación de Valor para los Accionistas. Gestión 2000.

STERN STEWART.
En Busca del Valor. Gestión 2000.

JOAN MASSONS.

Finanzas para Profesionales de Marketing y Ventas. Ed. Deusto.